Mi encuentro
con los grandes

Mi encuentro con los grandes

Mara Patricia Castañeda

PLAZA JANÉS

Mi encuentro con los grandes

Primera edición: junio, 2010

D. R. © 2010, Mara Patricia Castañeda

D. R. © 2010, derechos de edición mundiales en lengua castellana:
    Random House Mondadori, S. A. de C. V.
    Av. Homero núm. 544, col. Chapultepec Morales,
    Delegación Miguel Hidalgo, 11570, México, D. F.

www.rhmx.com.mx

Comentarios sobre la edición y el contenido de este libro a:
literaria@rhmx.com.mx

ISBN 978-607-310-000-7

Impreso en México / *Printed in Mexico*

A ti, el hombre que me hace sentir completa
A ti, que iluminas mi mente y emocionas mi corazón
A ti, el ser que me protege y me cuida
A ti, amor de mi vida
A ti, Vicente, mi compañero
A ti, mi esposo amado

Agradecimientos

A Dios, que me ha dejado claro que sus tiempos no son los míos.

A mis padres, que desde la gloria me llenan de bendiciones.

A Mirna, Juan Francisco y Alejandro, mis hermanos, por su apoyo y amor incondicional desde cualquier punto de mi vida.

A Alejandra y Juan Francisco, mis sobrinos, por ser mi inspiración.

A Víctor Tolosa, Alejandro Guzmán y Norma Vázquez, mis amigos, por su ayuda diaria.

A Luis Mario Santoscoy, mi jefe, por su idea y su respaldo.

A Carlos Tijerino, mi compañero, y a su equipo de estudiantes, por su colaboración desinteresada.

A reporteros, camarógrafos y editores de Televisa Espectáculos por su apoyo y entrega desmedida.

A Random House Mondadori, por la oportunidad de crecer.

A Arnoldo Langner, mi editor, por su dedicación.

A Emilio Azcárraga Jean, por permitirme hacer mi carrera en radio y televisión en Televisa.

A los artistas, por su confianza.

A ti por, repasar estas líneas.

Cómo llegué
a mi encuentro...

El futuro no tiene justificación, el pasado no es para detenerse en él, lo único real es el presente. Así que, para ubicarme en el día de hoy, sólo haré un breve recuento de cómo descubrí mi oficio, este maravilloso oficio, el mejor de todos: ser reportero.

Comencé a trabajar de bibliotecaria a los 15 años; fui recepcionista y simultáneamente estudié la preparatoria. Más tarde, ya en el nivel universitario, ingresé en la Escuela de Periodismo Carlos Septién García. Siempre trabajando y estudiando, cumpliendo con las dos tareas.

Al mismo tiempo hice un primer intento de entrar a la televisión. Presenté una solicitud en el Centro de Educación Artística de Televisa. No fui aceptada y vino un segundo intento: un *casting* para cápsulas informativas de Noticiarios, también en Televisa, y fui rechazada. Pensé que debía operarme la nariz y mejorar mi dicción. No me operé, pero comencé a ensayar para hablar mejor.

Después de un tiempo, Televisa me ofreció el trabajo de editar y cargar cintas: la tercera era la vencida. Así que terminaba el trabajo los sábados a las ocho de la noche y me ponía a escribir cables para aprender los tiempos de la televisión.

Así llegó la oportunidad que todos buscamos en este campo: me ofrecieron ser conductora y reportera del Canal Cultural, el 9, en el que hacía 21 reportajes, además de lo que surgiera, desde el amanecer hasta el anochecer, de lunes a domingo.

Renuncié para buscar otros caminos y los encontré. Comencé como reportera del programa *Al fin de semana* y ECO. A la vez hacía radio, televisión, entrevistas y reportajes de lunes a sábado. Pero ya tenía varios programas y más opciones. Incluso hice un comercial.

Terminó la etapa de ECO. Trabajé en un programa de videos y me enviaron a Tijuana para hacer ventas por televisión. Acabó CVC y regresé a la ciudad de México, donde estuve un año sin empleo. Aclaro que entre programa y programa, proyecto y proyecto, había que comer, vestir y colaborar con la casa. Lo que ganaba lo repartía, y mis amigas me regalaban ropa que ya no usaban para presentarme a trabajar.

En fin, luego de la pausa, ingresé a un programa de espectáculos y hacía otro de medicina forense; cuando esta etapa terminó, solicité trabajo en Noticieros porque estaban haciendo una vicepresidencia, necesitaban personal y afortunadamente me incluyeron como coordinadora de espectáculos. Finalizó esa vicepresidencia y me quedé en noticias haciendo lo mío: reporteando y conduciendo esporádicamente.

Entonces surgió Televisa Espectáculos, donde tengo la coordinación general y continúo activa realizando entrevistas, haciendo programas y hasta obras de teatro y series de televisión. Imagínense, un camino largo y fructífero.

Así me encontré con mi oficio: ser reportera.

Introducción

Qué magnífica oportunidad es acercarse a miles, quizá millones de personas a través de la lectura. Es poder tomarlos de la mano y llevarlos a un viaje muy especial, a una travesía diferente porque aproxima a personalidades con las que estamos familiarizados por su desempeño en el mundo del entretenimiento. Éste es un recorrido que conjunta entrevistas, anécdotas y, por supuesto, detalles surgidos durante un encuentro privado o público con una luminaria.

El periodismo abre caminos inesperados para quienes trabajamos en él, sobre todo cuando se ha elegido la fuente de espectáculos, marea que arrastra a destinos diferentes. Hasta hoy, me ha permitido desembarcar en distintos puertos, que son testigos del triunfo y los logros de los artistas en los lugares que pisaron.

Narrarlo no es tan fácil, pero menos sencillo es conseguir las entrevistas exclusivas: en un bosque tan tupido pero también talado, se reducen los árboles para segar. Sin embargo, las posibilidades crecen cuando el entrevistador se prepara revisando información, formulando preguntas, desarrollando credibilidad, respeto, ética. Y, desde luego, despertando un sentido especial que nos convierte hasta en psicólogos para conocer el humor del entrevistado, el rumbo viable que podría tomar la charla, en especial si se deben abordar temas difíciles o escabrosos.

Éste no es un libro que transcribirá literalmente las entrevistas, sino un relato de lo que ocurre en los encuentros con los artistas, cómo se desenvuelven, cuál es el ambiente en el que se generan, cómo es el glamur que desprenden, los momentos de convivencia fuera de cámaras, sin dejar expuestas las intimidades, los secretos más íntimos. Se rige por la objetividad de la percepción y un definido sentido ético.

Estas entrevistas están destinanadas al entretenimiento del público interesado en conocer más sobre el medio artístico, pero también a los jóvenes deseosos de encauzar su vida y su oficio a través de una de las fuentes más atacadas por mitos y realidades que, casi siempre, se originan en los más profundos sótanos del escándalo y el misterio.

Con esta publicación se comprobarán las delicias y las maravillas de conocer y acercarse a los ídolos inspiradores, a la enriquecedora realidad de quienes vivimos del oficio de reporteros. Lo anterior, sumado a los lugares a que tenemos acceso como parte de una historia de vida.

No se busca aquí desmitificar a las estrellas, sino conocerlas más allá de su imagen como figuras públicas, lo que hará de estos textos un medio para acercar a los futuros reporteros a los avatares periodísticos del revuelto mundo del entretenimiento.

Mi encuentro con los grandes... tiene como finalidad que usted, lector, se siente en la silla que yo ocupé en tan variadas circunstancias.

Prólogo

La historia de la televisión es un poco, o un mucho, la historia de nuestras vidas, de nuestros amigos, de nuestra ciudad.

Los personajes de la en otro tiempo llamada pantalla chica han sido una presencia tan cercana y frecuente en los hogares que agradecemos su compañía y sentimos su ausencia. Así, el libro que tiene usted en sus manos es una especie de álbum de fotos familiares, un archivo de recuerdos, fuente donde refrescamos nuestras emociones más entrañables.

Mara Patricia Castañeda de Fernández nos ofrece hoy una oportunidad de revivir épocas idas y, sin embargo, recientes. Conocedora del crecimiento de la televisión mexicana, partícipe de su desarrollo, promotora y apoyo de viejos artistas y nuevos valores, es testigo de calidad para avalar los testimonios que forman este volumen de entrevistas.

Los personajes interrogados por Mara han dejado huella en varias generaciones de mexicanos: artistas, periodistas, cantantes o empresarios; todos tienen algo que decir. Y Mara, que los conoce de toda la vida, hace las preguntas que estimulan el diálogo y descubren en cada personaje aspectos hasta ahora ignorados.

Ello hace del conjunto de testimonios un valioso instrumento de consulta para historiadores y lectores deseosos de entender mejor a los notables, personajes, que han hecho de la televisión el medio de difusión, información y entretenimiento más poderoso creado por la humanidad.

Emilio Azcárraga Milmo, Plácido Domingo, Roberto Gómez Bolaños, *Chespirito*, Shakira, Vicente Fernández, Paulina Rubio y Chabelo, entre muchos otros, son muestra de la diversidad de caracteres que abarca la televisión y que Mara refleja con gran perspicacia en estas entrevistas. Este libro es el resultado de su madurez profesional y evidencia el respeto con que Mara recoge los testimonios de sus interlocutores.

El título del libro, *Mi encuentro con los grandes* es un acierto. En él se condensa la intención y a veces la admiración que impulsa a Mara a realizar este esfuerzo informativo que mucho agradecemos todos sus lectores.

La única crítica que nos permitimos hacer es que no se anuncie una segunda parte que incluya a otros personajes que Mara ha tratado y que tienen algo que contarnos. Sea este libro el tomo uno, con la promesa de la autora de darnos pronto el dos. Y luego el tres y los que sigan, en una cascada inagotable de recuerdos que calmen nuestra nostalgia y satisfagan nuestra curiosidad.

Bien, Mara. Muchas gracias y esperamos los próximos capítulos.

Jacobo Zabludovsky

Emilio
Azcárraga Milmo

"México es un país de una clase modesta, muy jodida, que no va a salir de jodida. Para la televisión es una obligación llevar diversión a esa gente y sacarla de su triste realidad y de su futuro difícil..."

Ficha técnica

Nombre real: **Emilio Azcárraga Milmo.**

Lugar de nacimiento: **San Antonio, Texas, Estados Unidos (naciona-lidad mexicana y norteamericana).**

Fecha de nacimiento: **6 de septiembre de 1930.**

Fecha de fallecimiento: **16 de abril de 1997.**

Padres: **Emilio Azcárraga Vidaurreta (†) y Laura Milmo Hickman (†).**

Hermanos: **Carmen Azcárraga Milmo y Laura Azcárraga Milmo.**

Primer matrimonio: **María Regina Shondube Almada (enero de 1952-septiembre de 1952; sólo estuvieron casados ocho me-ses, debido a que ella murió al dar a luz a una niña que tam-bién falleció durante el parto).**

Segundo matrimonio: **Pamella de Surmont, francesa (divorciados, 1958-1963).**

Hijos: Paulina (Paula) (1958-1980), Alessandra (Sandra) (1960) y Arianne (Ariana) (1961).

Tercer matrimonio: Nadine Jean (divorciados, 1965-1973).

Hijos: Carla (1965), Emilio Pablo Fernando (1968).

Cuarto matrimonio: Encarnación Presa Matute (Paula Cussi) (comenzaron su romance en los setenta. Casados y divorciados en 1990).

Última pareja: Adriana Abascal, Señorita México 1988 (juntos de 1990 a 1997).

Profesiones: Vendedor de enciclopedias, gerente, vicepresidente de Producción, Programación y Ventas de Telesistema Mexicano.

Dificultades: En 1952, su primera esposa murió con tan sólo ocho meses de matrimonio.

El 23 de septiembre de 1972, don Emilio Azcárraga Vidaurreta murió de un ataque al corazón.

A principios de 1980, su hija Paulina, conocida como Paula, se suicidó con una sobredosis de heroína en Francia.

A principios y mediados de los ochenta, sufrió tres infartos. A finales de esta década, le fue diagnosticado cáncer; tenía un melanoma en una pierna.

El 3 de marzo de 1997, debilitado por el cáncer, decidió separarse de la empresa y dejar el mando a Emilio Azcárraga Jean, hijo de su tercera esposa Nadine, a quien designó presidente y director general.

Murió el 16 de abril de 1997 a bordo de su yate *ECO*, a las afueras de Miami, a causa del cáncer.

Inicios: En 1951 se integró al Departamento de Ventas de Telesistema Mexicano, actividad que le permitió seguir con el negocio de las enciclopedias; se desempeñó como gerente y en 1964 ya era vicepresidente de Producción, Programación y Ventas. Tras la muerte de su padre, llegó a la presidencia del consorcio en 1973.

Éxitos: El 8 de enero de 1973 nace Televisa, luego de la fusión de Telesistema Mexicano y Televisión Independiente de México, Canal 8.

En 1959, la familia Azcárraga ingresó al mundo del futbol al adquirir el Club América.

En 1963, Azcárraga Milmo comenzó la construcción del Estadio Azteca, sueño que se hizo realidad en 1966; luego adquirió el Teatro Insurgentes.

En 1976 continuó la internacionalización de Televisa, que había comenzado su padre, comprando un 20 por ciento de la Spanish International Network (SIN), que se convertiría en Univisión.

En 1988 se fundó la Empresa de Comunicaciones Orbitales (ECO).

En los años ochenta Televisa era propietaria de diferentes empresas en Estados Unidos que se aglutinaban en torno a Univisa, de la cual formaban parte Fonovisa, Videovisa y Galavisión.

En 1995 firmó un acuerdo para crear un sistema de televisión vía satélite, hoy conocido como Sky.

No dormí. ¿Quién hubiera podido hacerlo luego de la llamada del hombre más importante de las comunicaciones en América Latina? Me imagino que nadie, o quizá los que ya estaban habituados a escuchar su nombre y su voz. Sólo de saber que quería verme, que me había mandado llamar y tenía cita con él, me temblaba hasta el alma. Pasaron tantas cosas por mi cabeza, que aún recuerdo... lo estoy viviendo.

Cuando le dije de la cita a Juan Calderón, mi jefe en aquel momento, me aseguró: "Te va a correr", y se rió. No me reí y pensé: "De que me corra él a que me corra alguien más, pues qué mejor que sea el dueño". Me preocupé, y más con el paso de las horas.

Fue el miércoles 10 de julio de 1991. Guillermo Ortega, entonces director adjunto a la presidencia de Televisa, me llamó a la xew para decirme que el señor Emilio Azcárraga quería verme. "Voy para allá", dije. Me respondió que mejor fuera al día siguiente a las once de la mañana. ¡Eran las dos de la tarde! Faltaban 21 horas para mi cita. No sabía si era poco o mucho tiempo; es probable que para los enamorados fuera mucho tiempo, pero para un encuentro con él quizá fuera poco, como 10 minutos.

La sensación de querer que llegue y al mismo tiempo que se detenga, era como estar en medio de una marejada.

Esa misma tarde vi a Talina Fernández en su oficina, ubicada en el segundo piso de la XEW, uno abajo de la de nosotros, en el otro extremo. Le comenté el asunto que tenía pendiente, y como la buena consejera que siempre ha sido, me advirtió:

—¡Qué chingón!... ¡Te va a encantar porque el hombre es un tipazo!

—¿Qué crees que me vaya a decir? ¿Me irá a regañar? ¿Me irá a correr?

—Ni estés pensando en lo que te vaya a decir. Búscate un traje sastre, te maquillas lo normal porque no le gusta el exceso, y te pones tus joyitas; eso sí le agrada, tiene especial gusto por las buenas alhajas...

—¡Pero mis anillos y mis pulseras son muy sencillos!

—Y qué te importa; tú póntelas, llegas puntual, por favor, y me cuentas cómo te fue...

Sólo Dios y yo sabemos cuánto me tardé en elegir lo que me iba a poner para la reunión: pantalón, falda, pantalón, falda. Total que por fin encontré un traje sastre color hueso, medias y zapatos del mismo color, que se usaban en aquel tiempo. Lo combiné con una blusa morada cerrada desde el cuello, coloqué la ropa y me fui a la cama. En la oscuridad daba vueltas a todas las posibilidades y no lograba encontrar el motivo de la cita. Me venció el sueño. Al día siguiente, a las seis de la mañana, ya me estaba bañando en las aguas de la duda y la emoción.

El jueves 11 de julio, México se preparaba para observar el eclipse solar que oscureció la mañana durante siete minutos... Fue inolvidable, no sólo para la historia astronómica del mundo; también fue un día imborrable en mi memoria, en mi vida.

Llegué 15 minutos antes de las once de la mañana a su oficina en Televisa Chapultepec. Me anuncié con dos de sus tres secretarias. Una de ellas era Elisita, secretaria de don Emilio Azcárraga Vidaurreta. La otra, Tere Vaudrecourt, mujer pelirroja y muy atenta igual que Elisita. Me pidieron que me sentara y lo hice.

En ese momento llegaron don Ángel Álvarez, secretario general del SITATYR en ese tiempo, don Raúl Velasco y don Manuel *el Loco* Valdés. Me saludaron y platicaron entre ellos.

De repente se escucharon pasos fuertes, voces masculinas mezcladas y entusiasmadas. Había llegado Emilio Azcárraga, ni más ni menos.

Me bajó el corazón al estómago. Estaba petrificada, rígida. Pasó junto a mí y dijo:

—Pásale —como si ya me conociera. Era evidente, trabajaba para él.

Me levanté y caminé detrás de aquel hombre sobrio, soberbio en su presencia, imponente hasta en el hablar. Entramos a su oficina, muy sencilla por cierto, y en lo que él tomaba posesión de su espacio, dejando llaves y acomodando su silla, yo no le quitaba la mirada de encima. Vestía un traje color camello, camisa rayada azul de cuello blanco, la corbata en los mismos tonos y zapatos color miel. Frente a él había un muro de monitores sintonizados en diferentes canales, nacionales e internacionales. Había una sala para visitas, un escritorio grande con charolas y escasos papeles, un bote con lápices ya gastados. A su lado izquierdo muchos teléfonos de diferentes colores y formas. Y ya, nada más. Era un lugar iluminado con la luz que entraba a través de unas rendijas, además de la artificial: más bien austero.

—Siéntate —me dijo, señalando uno de los tres sillones de piel frente a su escritorio.

—Gracias, señor.

—Conque tú trabajas en eco.

—Sí, señor.

—Y haces el bloque de las 8:30 a las 9:00.

—Sí, señor, con Juan Calderón.

—Te he visto y no te entiendo lo que dices. Piensas demasiado rápido y tu lengua lo repite más rápido; entonces no se te entiende nada

—¿...?

—Así que ve con Claudio Lenk (q.e.p.d.) para que tomes clases de dicción. La empresa se hace cargo, porque tienes que prepararte; viene mucha gente joven y te tienes que preparar...

—Sí, señor.

—Ponte la camiseta de la empresa, considérate parte de la familia Televisa y échale ganas, prepárate.

—¿Eso era todo, señor?

—Sí.

Se levantó y caminó en dirección a la puerta; hice lo mismo. Me puso su brazo derecho sobre el hombro, sonriente me despidió en la puerta y le pidió a don Raúl Velasco que entrara.

Yo volaba, no caminaba. Nadie me lo había presentado, no tenía familiares cercanos, no conocía a nadie que provocara un encuentro entre nosotros... ¡y a mis 25 años me había llamado el hombre más importante de la televisión en habla hispana: era un logro; más que eso!

Afortunadamente para mí, no fue el único encuentro. Fue una sorpresa volver a verlo. En algún momento, cuando Juan *el Gallo* Calderón enfermó, nos mandó llamar a sus co-conductoras para ver el futuro de los espacios de Juan en ECO. No sabíamos qué iba a pasar. Juan Calderón se ausentó varios meses, así que había que cuidarlo. Su mandíbula estaba fracturada.

Además de encontrármelo en los pasillos, eso sí, muy pocas veces, lo seguí viendo.

En una ocasión lo visité para presentarle en papel un nuevo programa. Pero esta vez ya no se sentó delante de mí; lo hizo en uno de los tres sillones de piel frente a su escritorio. Le platiqué la idea.

—Me gusta la idea. Ve con Jorge Eduardo Murguía y dile que te lo haga.

—¿No será mejor que le diga usted?

—¿Por qué?

—Porque aquí dan muchos "azcarragazos", y de que lo dé usted a que lo dé yo, pues mejor usted, ¿no?

Se rió y le pidió a Tere Vaudrecourt, su secretaria, que llamara al licenciado Murguía, hoy mi jefe, para que me diera una cita. Fue ese mismo día, a las seis de la tarde, en Televisa San Ángel.

El programa se llamaba *De telenovela*, versión televisiva de un programa de radio que producía Juan Osorio cuando Virginia Lemaitre era la directora de la xew. Se hizo el intento de llevarlo a la pantalla chica. Recuerdo que como artistas invitados estaban doña Silvia Derbez (q.e.p.d.), Laura Zapata, Raúl Padilla *Chóforo*, y Arturo Peniche, elenco de la telenovela *María Mercedes* que protagonizaba Thalía.

Una vez listo el programa, solicité una cita. Me parece que pasaron dos o tres meses para conseguirla, hasta que por fin se concretó.

Llegué puntual y entré a la oficina de don Emilio.

—Vengo a entregarle el piloto que hicimos.

—No me interesa tu piloto —y dejó el vhs en su charola—. Me interesa que te vayas a Tijuana. ¿Qué compromisos tienes aquí?

—Sólo pagar mi coche, señor.

—Tengo un proyecto de ventas por televisión en español, y por la cercanía con Estados Unidos tienes que vivir en Tijuana. No puedes irte a vivir al otro lado: puedo ayudarte si pasa algo aquí en tu país, donde tienes que vivir; si pasa algo en la frontera no puedo hacer nada. Así que ¿cuánto quieres ganar?

—Lo necesario para terminar de pagar señor —hice una pausa y le dije—: ¿Le puedo preguntar algo?

—Sí.

—¿Y por qué yo?

—Porque tienes credibilidad, y eso es lo que necesito para este proyecto. Piénsalo y te espero el martes de la siguiente semana. Dile a Elías Rodríguez (director de operaciones de Televisa Chapultepec) que te ponga el canal para que lo veas. Nos vemos el martes.

—Sí, señor, muchas gracias.

Salí de ahí estupefacta. No sabía si ponerme contenta o tronarme los dedos. Fui a la oficina del ingeniero Rodríguez, que como siempre se portó encantador y me puso el canal. Lo vi y no dejaba de pensar en lo que se había convertido mi futuro. Por supuesto, la propuesta la consulté con compañeros de trabajo y sobre todo con mis hermanos, que son lo más importante; llegamos al acuerdo de que aprovechara la oportunidad, sin pensarlo más.

Llegué el martes siguiente y no entré; abrí la puerta y desde su escritorio me dijo:

—¿Te vas?

—Sí, señor, en el momento que usted lo indique.

—No te vas a arrepentir.

En octubre de ese mismo año, 1992, salimos en un mismo avión a Tijuana todos los conductores comandados por Talina Fernández.

Ésa fue la última vez que lo vi. Y no dejo de recordar sus palabras. Tenía razón: no me iba a arrepentir. En Tijuana conocí a nuestro actual presidente, a su hijo Emilio Azcárraga Jean, que también fue muy amable.

Lo conocí en un restaurante, y luego de varias reuniones con amigos, se fortaleció la relación laboral.

Fue en 1995 cuando regresé de Tijuana, en medio de una tremenda devaluación. Emilio Azcárraga Tercero me dio trabajo y me cobijó como alguna vez lo hizo su padre. Todavía no era presidente, pero estaba sembrando el camino para la cosecha mayor. Don Emilio, su papá, falleció dos años después.

Mi encuentro con estos dos hombres fue parte de mi destino, y así lo recibí. Hasta hoy sólo tengo agradecimiento por las oportunidades, por el respeto, porque lo único que les he pedido ha sido trabajo y nunca me lo han negado.

Me hubiera gustado mostrarles una fotografía con don Emilio Azcárraga Milmo, pero desafortunadamente no hubo tiempo. Además, a él no le gustaban. De cualquier forma les presento una imagen de él, durante su visita al consulado de México en Río de Janeiro, a la edad de 43 años: parece estrella de cine. La foto me la regaló una amiga que atestiguó su visita al Brasil.

Fueron encuentros maravillosos que llevo en el corazón y que hasta hoy conservo con ternura y respeto en mi vida profesional y personal.

Sé que hay mitos y realidades alrededor de ellos, pero también sé que he tenido la oportunidad de tratarlos y por experiencia propia sé que son sensibles ante las necesidades de los demás.

Para ellos, mi lealtad.

Queremos agradecerles a las gentes que nos ven, decirles que sigan confiando en la compañía que tenemos, porque es una compañía verdadera, sólida, y lo único que persigue es el entretenimiento de las clases medias, medias bajas, y populares...

EMILIO AZCÁRRAGA MILMO

Luciano Pavarotti

"Yo creo que un amigo parece ser alguien que siempre puede ser el mismo, quien puede hacer muchas cosas y siempre ser el mismo; puede jugar cartas, puede quedarse en el mismo lugar sin tener que decir nada, y en mi opinión eso es ser un amigo..."

Ficha técnica

Nombre real: **Luciano Pavarotti Venturi.**

Lugar de nacimiento: **Módena, Italia.**

Fecha de nacimiento: **12 de octubre de 1935.**

Fecha de fallecimiento: **6 de septiembre de 2007.**

Matrimonio: **Adua Verona (divorciados, 1962-1996).**

Hijos: **Lorenza, Cristina y Giuliana.**

Última pareja: **Nicoletta Mantovani (2003-2007).**

Hijos: **Los mellizos Alice y Riccardo (2003, Riccardo no sobrevivió al parto).**

Profesiones: **Profesor de primaria, vendedor de seguros y tenor.**

Dificultades: La segunda Guerra Mundial forzó a su familia a salir de la ciudad de Módena en 1943.

En 2006 se le descubrió un tumor maligno en el páncreas. Fue operado en un hospital de Nueva York el 7 de julio y todos sus conciertos se cancelaron, debido a su delicado estado de salud, causado por una neumonía posterior a la operación.

El 8 de agosto de 2007 fue hospitalizado, víctima de un estado febril y de complicaciones respiratorias.

El 6 de septiembre de 2007 falleció en su hogar a causa del cáncer de páncreas.

Debut: 29 de abril de 1961, como Rodolfo en la ópera *La Bohème* de Puccini, en el teatro de Reggio Emilia.

Discos: Ochenta y uno de diferentes óperas y con duetos; el último es una recopilación de todos sus éxitos: *Pavarotti Forever* (2007).

Debut: *Aída, La Bohème, La Traviata, Madame Butterfly, Rigoletto, Tosca II.*

Idiomas: Grabó en alemán, francés e italiano.

Duetos: Plácido Domingo y José Carreras (los Tres Tenores), Ricky Martin, Eros Ramazzotti, Sting, Andrea Bocelli, Liza Minnelli, Tracy Chapman, Frank Sinatra, Michael Jackson, Caetano Veloso, Mercedes Sosa y U2.

Conseguir una entrevista con Luciano Pavarotti no es tan fácil como levantar un teléfono, hablar con su representante y fijar la fecha. No; supongo que debe ser más complicado. Lo digo porque jamás hice el intento de buscarlo: era un personaje definitivamente inalcanzable, no sólo para la prensa mexicana, sino también para la internacional.

Luciano Pavarotti fue una de las grandes figuras mundiales en la ópera. Se dio a conocer por su inigualable voz. Su físico nunca fue importante, pero la potencia de sus pulmones lo colocó en el sitio máximo, así como sus múltiples aportaciones a causas benéficas, con la colección de discos y conciertos de *Pavarotti and Friends*. Él mismo los organizaba y hacía duetos con estrellas de la música internacional en sus recorridos por el mundo, individuales y con la gira de los Tres Tenores, junto a Plácido Domingo y José Carreras.

Fue hijo de un panadero y tenor aficionado y de una empleada de una fábrica de cigarros en Módena, Italia. Así que de niño humilde pasó a la consagración absoluta con Tonio, de la ópera *La hija del regimiento*, de Gaetano Donizetti, que incluye la complicada aria de nueve notas do de pecho. Y de ahí la catapulta al éxito. Qué figura, una gran historia de vida, pero lejos del alcance de cualquier mortal.

En mayo de 2004 Pavarotti dio a conocer *El tour del adiós*, con 40 conciertos en todo el mundo. En Estados Unidos daría una conferencia de prensa en alguna ciudad, hasta ese momento desconocida, además de una entrevista a un medio mexicano.

La sorpresa fue mayúscula cuando el empresario que llevaba de gira a Luciano Pavarotti a la Unión Americana me llamó para decirme que era la elegida para entrevistarlo. Suerte es suerte, y el detín marín dedó pingüé me tocó a mí. Un joven cercano al empresario me dijo que le habían presentado una lista con nombres de periodistas mexicanos destacados, en la que al final venía el mío. Sin conocer a ninguno, señaló mi nombre. Ya en confianza, el mismo joven me confesó la infinita inclinación del tenor por las mujeres. Eso fue lo menos importante. Con los hombres siempre he tenido una sana relación profesional.

Viajamos a Filadelfia, Pensilvania, en septiembre de 2004. El camarógrafo, un compañero reportero y yo llegamos al hotel. Nos instalamos y comenzamos a planear la conferencia de prensa y la entrevista del día siguiente.

Muy temprano en la mañana ya estábamos listos para la jornada de trabajo. Nos dirigimos al salón del hotel donde Pavarotti daría la conferencia de prensa para varios medios de Estados Unidos y tranquilamente aguardamos la llegada del tenor. Todos en los lugares elegidos, con libreta y lápiz en mano.

A la entrada nos encontramos con uno de los organizadores. Nos solicitó un monitor para la entrevista: a Pavarotti le gustaba verse durante las charlas. Le preguntamos si el hotel nos podría proporcionar uno; la respuesta fue negativa. Tremendo problema: nosotros no llevábamos monitores.

En ese momento recordé que en el baño de mi cuarto había uno chico. Subimos rápidamente y entramos hasta el baño. La pequeña televisión estaba sobre la base del lavabo, sólo que la conexión pasaba por un orificio pequeño y no la podíamos sacar. El camarógrafo golpeó con la zapata del tripié de la cámara para obligar a que saliera el cable, y nada. El monitor, para nuestra fortuna, se podía desconectar en la parte de atrás. Pero nos seguía faltando la conexión, que por obvias razones no podíamos pedir al hotel porque ni siquiera teníamos autorización para sacar la televisión del cuarto, y si alguien se daba cuenta, seguro nos metíamos en un problema. Así que escondimos el aparato en la maleta del camarógrafo y salimos del cuarto.

Me quedé en la recepción cuidando el equipo, mientras mis compañeros corrían a una tienda de electrónicos para comprar un cable y una extensión. Afortunadamente encontraron lo que buscábamos. Un peso menos de encima.

Regresaron justo a tiempo para instalarnos en el salón de conferencias. Esperamos unos minutos y a las doce del día, puntualmente, apareció Luciano Pavarotti acompañado por varias personas. Cruzó el salón, se sentó frente a la mesa y comenzó la conferencia.

De repente, un señor del equipo de Luciano, que por cierto nos asustó, nos pidió que abandonáramos el salón. Con cara de acusados confesos salimos del lugar. Seguro ya habían reportado la falta del monitor en mi cuarto. Sin más palabras nos llevaron a otro salón, más pequeño. Yo pensaba en la disculpa por haberlo tomado; lo diría en inglés, en español, era lo de menos, primero está el trabajo. ¡Sorpresa! En ese lugar sería mi entrevista exclusiva con Luciano Pavarotti.

El señor de nombre desconocido dio instrucciones en inglés y luego en italiano. Primero, que colocara una silla frente a él, que no le gustaba tener a nadie a su lado. Segundo, la cámara debía estar de frente. Tercero, el monitor de su lado derecho, para que Luciano se observara. Cuarto, así lo hicimos.

Veinte minutos después se escucharon varias voces masculinas que se acercaban a la puerta. Llegaba Luciano Pavarotti. Nos presentaron, me saludó de mano e hizo algunas bromas en italiano; medio entendí y también reí para sentirme en ambiente. Se colocó en su lugar y se limpió la nariz con la bufanda de colores que traía alrededor del cuello. Sí, se sonó con ella.

Nada más y nada menos que Luciano Pavarotti frente a mí. Al hombre de estatura mediana le costaba trabajo moverse por su peso; intentaba hacerlo lo mejor que podía, vestido de camisa y pantalón negro y con su bufanda de colores como único accesorio. Su cabello, barba y cejas estaban pintados de negro. En conjunto, un aspecto sobrecogedor.

Los nervios no me traicionaron, pero sí los sentía. Inicié la entrevista en inglés. Para mi sorpresa, Pavarotti me pidió que la hiciera en español. Él respondió en italiano y en el poco español que sabía. Así que entre el español y el italiano nos entendimos muy bien. Inicié la entrevista hablando del concierto *Voces en Chichén Itzá* de 1997.

MP: Gracias por recibirnos. ¿Cómo fue su encuentro con México a través de la cultura, la música, de Chichén Itzá?

LP: Es un gran recuerdo. El concierto a la luz de la luna fue el más romántico que he dado; fue algo muy bueno ver que toda la gente participaba. El concierto fue bastante bueno, fue simplemente fantástico. En otro momento fuimos a Mexicali, días antes estuvimos por todo México con el concierto, por lo que estaba muy cansado. Pero fue bastante bueno; por lo tanto, estar presente en México fue como un respiro del alma.

MP: ¿Diferencias y similitudes entre cantar en China y cantar en Chichén Itzá?

LP: Es lo mismo, ya que cantamos las mismas piezas musicales, con el mismo escritor, la misma forma y la misma orquesta, auque en China encontramos una preciosa orquesta. No hay diferencia, ya que si son buenos, son buenos, y si son malos, entonces no son tan buenos; así es que lo único que puedo decir es que la gente mexicana es bastante competitiva en cuanto a voces. Juzgan demasiado: si te gusta, cuestionan por qué te gusta, y si no te gusta, preguntan por qué no te gusta, partes, por partes, por partes. Son bastante críticos con lo que sienten, la mayoría de los que hablan español son de esa manera, y eso me gusta.

MP: ¿Le gustan los mexicanos?

LP: ¿Comer? Muy cierto, "el chivo mexicano afortunadamente". (¿Habré preguntado mal?)

El tenor fue muy amable. Me hizo sentir en confianza. Sonreía constantemente, mostrando que se sentía a gusto. Me dio tiempo justo. En ningún momento hizo algún gesto de incomodidad.

MP: ¿Qué se necesita para ser un amigo de Pavarotti? ¿Qué se necesita para poder compartir con él todas estas labores humanitarias y todas estas cosas en favor de la humanidad?

LP: La pregunta es muy buena y muy dulce; sin embargo, desafortunadamente la respuesta es muy bruta, ya que el dinero es la manera de organizar el concierto.

MP: ¿Cómo dibuja Luciano Pavarotti el rostro de la filantropía, el rostro de la ayuda; cómo lo dibuja en niños, en hospitales; cómo hace todas estas labores Pavarotti?

LP: Es fantástico, ya que tú debes saber que yo recibo lo que no te imaginas. Cuántas cosas he recibido en estos años a través de la ópera, a través de mis canciones, de mi voz, y creo que debo invertir en agradecerle a Dios por la felicidad que me da al ayudar a los niños, y eso es bueno. En realidad muy bueno.

A pesar de ser un hombre ocupado, nadie me cortó la entrevista.

MP: ¿Quisiera hablar de este disco, *Ti Adoro*, que está por salir ya en septiembre en octubre a la venta, y qué vamos a escuchar de Luciano Pavarotti?

LP: Pues vamos a escuchar canciones nuevas de ópera, escritas por mí. Es un álbum de canciones pop; creo que resulta algo curioso y estoy seguro de que lo van a disfrutar.

MP: Señor, ¿algo más que quiera agregar, que quiera decirle al público mexicano?

LP: El público mexicano es una gran audiencia, grandes críticos, así que estoy muy contento de estar aquí para ver a la belleza mexicana.

MP: Gracias, maestro.

LP: De nada, señora encantadora.

Al terminar la entrevista le pedí una fotografía como recuerdo y aceptó. Me levanté de la silla y caminé hasta colocarme a su lado izquierdo. Él no se levantó, volteó a verme y sonrió; también lo hizo para la cámara.

Mis compañeros le pidieron lo mismo que yo y gustoso aceptó. ¡Qué señor más sencillo! Quién imaginaría que un hombre como Luciano Pavarotti se comportara tan accesible con tres mexicanos desconocidos. Pero fue amable, educado, tratable, simpático.

Luego de las fotografías, Luciano Pavarotti se levantó, alzó el brazo izquierdo en señal de despedida y dijo adiós en español, en inglés y en italiano. Salió del lugar. Detrás de él, la comitiva.

Tres años después Luciano Pavarotti falleció. No lloré, pero sí me conmovió. Recordé entonces cada instante de aquel encuentro. Me siento honrada de que me haya elegido a mí. Me quedo con su recuerdo en el corazón.

Luego del encuentro con Luciano, viajamos de Filadelfia a Las Vegas, para realizar otras entrevistas a otros famosos.

De hecho, Luciano Pavarotti es una de las personalidades ya ausentes incluidas en este libro. Esta historia personal traspasó lo laboral. En cierta forma, a pesar de ser un hombre serio, nos ganó el corazón con sus bromas, sus respuestas y su calor humano. Sólo una personalidad de tal magnitud podía conquistar, como lo hizo, a tres mexicanos desconocidos.

Se preguntará qué sucedió con el monitor que tomamos prestado del cuarto del hotel. Pues volvió a su lugar sin ningún problema. Nadie se dio cuenta.

Hay amigos que están desde antes de que yo fuera cantante; entonces, no me queda duda de que ahí están, y para mí eso es realmente importante. El amor por tu esposa y por el resto de tu familia es muy importante, es absolutamente lo más importante...

LUCIANO PAVAROTTI

Plácido Domingo

"Dentro de mi vida, de mi carrera, siempre he sido alguien para quien la satisfacción más grande es dar mucho más que recibir; dar es una alegría inmensa, recibir es más difícil, pero el dar como que va dentro de mí..."

Ficha técnica

Nombre real: José Plácido Domingo Embil.

Lugar de nacimiento: Madrid, España.

Fecha de nacimiento: 21 de enero de 1941.

Padres: Plácido Domingo y Pepita Embil, cantantes de zarzuela.

Matrimonio: Ana María Guerra Cué, pianista mexicana (divorciados, 1957-1959).

Hijos: José Plácido Domingo Guerra.

Pareja actual: Marta Ornelas, soprano veracruzana (desde 1962).

Hijos: Plácido Jr. y Álvaro.

Profesiones: Tenor y director de orquesta.

Dificultades: El 19 de septiembre de 1985, en el terremoto ocurrido en la ciudad de México, fallecieron su tía, su tío, un sobrino y el joven hijo de su sobrino, al caerse el bloque de apartamentos del edificio Nuevo León en el complejo urbanístico de Tlatelolco.

Debut: En Monterrey, México, en 1961, con *La Traviata*.

Discos: Más de 100 grabaciones de óperas completas. Último disco: *Amor infinito*, poemas musicalizados por el tenor y escritos por Su Santidad Juan Pablo II (2009).

Idiomas: Ha cantado en italiano, francés, alemán, español, inglés y ruso.

Duetos: José Carreras y Luciano Pavarotti (los Tres Tenores), John Denver, Julie Andrews, José María Cano, Alejandro Fernández, Carlos Santana, Luis Cobos, Caetano Veloso, Patricia Kaas, Verónica Villarroel, Anna Netrebko, Rolando Villazón, Pandora, Michael Bolton, Lucero.

Películas: Las óperas filmadas: *Madame Butterfly*, *Carmen*, *Tosca*, *Otello*, *Cavalleria Rusticana & Pagliacci*, *La Traviata*.

Libros: *Mis primeros cuarenta años* (1984), *El mundo de Plácido Domingo* (1986), *Plácido Domingo: historia de una voz* (1996), *Plácido Domingo: mis personajes, mi vida* (2001), *Homenaje a Plácido Domingo* (1998).

Qué barbaridad, jamás hubiera imaginado que algún día le hablaría de tú a una celebridad como Plácido Domingo. Una personalidad reconocida por su voz tornadiza, que lo convierte en tenor y barítono. Es director de orquesta, compositor y productor. Una figura mundial. Reconocido también por su generosidad con las causas nobles, Plácido Domingo ha recorrido todos los rincones del mundo llevando entretenimiento y cultura en los varios idiomas que habla.

Tuve la suerte de conocer a Plácido Domingo en 1997, cuando él y Jacobo Zabludovsky se encontraron en el noticiero *24 Horas*. No me costó mucho trabajo porque ambos son amigos desde hace muchos años. En ese tiempo era coordinadora de invitados y me tocó arreglar todos los trámites para su presentación en el noticiero. Ahí lo saludé la primera vez y, como Plácido tiene memoria privilegiada, jamás olvidó mi nombre.

Seguí viéndolo. Fui a entrevistarlo a Miami con motivo de la presentación de uno de sus discos de música popular. También en Bellas Artes, en la ciudad de México, cuando dio un concierto privado.

La más reciente entrevista fue en 2007, en su casa de Acapulco, Guerrero. Estaba tomando unos días de descanso y venía al

Distrito Federal para que develaran una estatua por sus labores de rescate tras el temblor de 1985, mientras buscaba a sus seres queridos.

La entrevista me la ofrecieron los organizadores. Así que viajamos el camarógrafo y yo al puerto de Acapulco. En un día fuimos y venimos. Es cansado, pero vale la pena. La ilusión de ver a un hombre por demás agradable y hacerle una entrevista despierta el entusiasmo.

Llegamos al aeropuerto de Acapulco y rentamos un coche para ir a la casa de Plácido Domingo, que afortunadamente no está lejos de la terminal aérea. Condujimos hasta la dirección proporcionada y puntuales tocamos el timbre. Nos abrió un señor muy afable y nos pidió que metiéramos el auto. Nos hicieron subir unas escaleras que daban a un lugar abierto al sol, afuera del comedor.

El camarógrafo hizo lo de costumbre: buscar el lugar ideal para la entrevista, tomando en cuenta la luz natural, que era fuerte. Movió dos sillas y las colocó frente a frente. La de Plácido de espaldas al mar. Qué vista más hermosa tiene su casa. Un lugar sencillamente placentero.

Desde el comedor provenían muchas voces y carcajadas. Cuando volteé, vi a través del cristal que Plácido estaba terminando de desayunar con su familia. Escuché que el tenor les dijo: "No me tardo, voy a hacer una entrevista".

Salió vestido de blanco, con sandalias de plástico del mismo color. Estaba cómodo en la intimidad de su casa. Bueno, cualquiera hubiera imaginado que estaría vestido de otra forma; pero no, Plácido es extremadamente sencillo. Este hombre de 1.87 metros de estatura tenía la camisa arremangada y se había dejado crecer la barba mientras descansaba. Me saludó muy cariñoso, con dos besos, como acostumbran en España, y a mi compañero lo saludó de mano. Detrás de él salió su hijo Álvaro, que ayuda a su papá a cumplir con sus compromisos, porque en realidad el tenor (nacido en Ibiza, España) no tiene representante; él se encarga de sus cosas junto con su asistente. Álvaro nos ofreció algo de tomar —el calor era sofocante—; a Plácido le dio una toalla blanca para secarse el sudor.

Mientras, nos preguntó cuándo habíamos llegado, cuándo regresaríamos al Distrito Federal, y nos dijo que estábamos en nuestra casa: amable, gentil, educado y muy sonriente, como es su costumbre. A pesar de que es un hombre muy exigente cuando trabaja, nunca trata mal a nadie; al contrario, todo lo pide por favor.

Le indiqué el lugar que le habíamos preparado con las sillas de playa, y se dirigió a sentarse sin mayor problema. Aunque todos los artistas dan su mejor lado, Plácido no tiene inconveniente en que lo tomen de cualquier ángulo. Así comenzamos la entrevista.

MP: Plácido, nos da mucho gusto verte. Gracias por recibirnos aquí en tu casa.

PD: Encantado, es tu casa. Bueno, aquí estamos felices en una paradita del año tremendo que tiene uno siempre de trabajo, porque en mi trabajo el año termina así, como el 10, el 12 de agosto, y lo reanudas el 1º de septiembre, si no es que empiezas antes a ensayar. Es bastante pesado, así que cuando llegas a Acapulco estás diciendo: "ya no puedo más, ya quiero descansar un ratito". Y aquí estamos.

MP: ¿Qué sientes ahora que han pasado tantos años, con tantos recuerdos, al estar en México nuevamente?

PD: Lógicamente, ya sabes, cuando me preguntan "Plácido, ¿eres español?" Sí. "¿Eres mexicano?", También, porque llegué tan chiquito a México, antes de cumplir los ocho años, y desde entonces, pues mi contacto ha sido grandísimo. Soy casado con mexicana, dos de mis hijos son mexicanos, venimos constantemente, mis padres vivieron el resto de sus vidas en México. Así que México es también mi patria. Es fantástico venir, pasarnos el tiempo aquí. Crecí, más o menos los años más importantes de la vida en que te formas, en México, desde los 8 hasta los 20 años. Es una edad muy importante, es cuando aprendes todo. Por ejemplo, hasta en España, cuando hablo con la zeta y todo, por los dichos y la manera de hablar, dicen: "tú no has vivido en España", los que no me conocen, los que no lo saben. Y pues no he vivido toda mi vida en España, porque no hablo como el típico español, aunque tenga la zeta, pero conservo siempre muchas cosas de México y me salen espontáneamente...

MP: Ya que hablas de amigos, tú marcaste una época muy importante en la historia de la música de concierto. Trabajaste con José Carreras y Luciano Pavarotti, que ahora está enfermo. ¿Has tenido contacto con ellos?, ¿cómo ha sido esta amistad con los dos tenores?, ¿son amigos?

PD: Pues la hemos pasado muy bien. La verdad es que por allá donde fuimos siempre nos divertíamos muchísimo, y era maravilloso ver a un público totalmente nuevo que iba a verte y era un entusiasmo como si estuvieras casi en un campo de futbol. Es decir, podíamos cantar lo que fuera cada uno, y cantarlo muy bien, pero el momento donde cantábamos los tres era donde la gente verdaderamente reaccionaba de una manera fenomenal y con una alegría inmensa. La verdad, la hemos pasado muy bien, y bueno, como todo, pues hay unos años donde lo hemos hecho, y aunque algunos puristas lo criticaron sin ninguna razón, porque... es decir, haber hecho yo ese tipo de conciertos no me impidió dedicarme de lleno a mis actividades en la ópera en todos los centros del mundo, asistiendo a los festivales más importantes, como Salzburgo, como Birolt, que es el teatro donde se hacen las óperas medianas; pero también acudiendo al Metropolitan, a la Scala, a la Brienda Covent Garden, a los teatros principales del mundo continuamente. O sea, sencillamente hay otras cosas que tienes que hacer, y hemos creado un público nuevo e indiscutiblemente eso ha creado muchísimas otras cosas, ha habido los tres de aquí, las tres de allá, bueno, ha habido los tres bajos, las tres cantantes, los tres cantantes pop también. Es decir, a partir de ahí se ha abierto un camino para mucha gente que tuvo la posibilidad de aprovechar algo que iniciamos nosotros.

MP: ¿Y continúas hablando con José Carreras, con Luciano Pavarotti?

PD: Sí, cómo no. Con Luciano [falleció el 6 de septiembre de 2007] acabo de hablar hará menos de una semana, cinco días. Porque, como el público sabe, ha estado enfermo y no ha cantado; últimamente parece que iba a grabar un disco, pero le dio una neumonía, tuvieron que llevarlo al hospital. Sin embargo, hablé con él cuando estaba en el hospital y me dijo: "ya salí de esto", así es que espero poder visitarlo la próxima vez que vaya a Europa. Y con José hace un poquito más que no hablamos porque está cantando cada tres días un concierto en algún sitio, pero seguramente que nos comunicaremos pronto.

A pesar de que Plácido ha viajado por el mundo, México tiene para él un gran significado, y lo más importante es que no lo olvida. Cuando se acuerda de que fue corista de Enrique Guzmán de joven, se ríe.

MP: ¿Cuáles son esos cantantes que cuando eras niño y empezaste a crecer y a escuchar, eran tus preferidos, de los que tenías sus discos, los comprabas y los escuchabas?

PD: Yo creo que lo que más me gustaba antes de empezar —por supuesto, admiraba muchísimo a mis padres cantando la zarzuela—, antes de llegar al mundo de la ópera me llegaban muchísimo Jorge Negrete y Carlos Gardel. Después también Pedro Infante... yo crecí prácticamente viendo sus películas y oyendo sus discos. Y después también, un poquito más tarde, antes de que me llegaran los verdaderamente grandes nombres de la ópera, como Caruso, como Gilli, como los grandes tenores, me llamó mucho la atención Mario Lanza. Crecí también viendo sus películas, y vamos a decir que fue el que me empujó un poquito a decir: "Me gustaría ser cantante de ópera..."

Plácido es perfeccionista pero no intolerante. Aunque nadie interrumpió la entrevista, ya llevábamos una hora en pleno rayo del sol y él no paraba de transpirar; no se quejó, ni siquiera hizo un gesto de desagrado, pero creí pertinente terminar la conversación.

MP: Plácido, muchísimas gracias por recibirnos.

PD: Muchas gracias, Mara Patricia, qué alegría verte.

A mí también me da mucha alegría ver a Plácido Domingo. Últimamente no lo he visto, pero sé que no para de trabajar, que siempre lo hará con el entusiasmo que lo caracteriza. Por compromisos no he podido entrevistarlo de nuevo, pero conservo por él admiración, cariño y respeto.

Tengo suerte de poder cantar todavía, pero no sé cuánto va a durar; es decir, yo lo pienso día a día, semana a semana, mes a mes. Por supuesto que acepto contratos, como todos los cantantes de ópera, no tanto porque soy un poquito precavido, pero si tengo cosas, por ejemplo, durante 2010, 2011, las tengo en mi calendario, Dios dirá, Dios dirá...

PLÁCIDO DOMINGO

Julio Iglesias

"A mi edad quiero revalorizarme conmigo mismo, delante de mis gentes, de mis pueblos; no quiero refugiarme en el pasado, no quiero vivir de recuerdos. Tengo más prisa, tengo menos tiempo…"

Ficha técnica

Nombre real: Julio José Iglesias de la Cueva.

Lugar de nacimiento: Madrid, España.

Fecha de nacimiento: 23 de septiembre de 1943.

Hermanos: Carlos Iglesias de la Cueva (1945).

Matrimonio: Isabel Preysler Arrastria (divorciados, 1971-1979).

Hijos: Chábeli, Enrique y Julio.

Pareja actual: Miranda Johana María Rijnsburger, modelo holandesa (juntos desde 1990).

Hijos: Miguel Alejandro, Rodrigo, las gemelas Cristina y Victoria, y Guillermo.

Profesiones: Pasante de derecho, futbolista, actor, cantante.

Dificultades: Un aparatoso accidente automovilístico con tres amigos, el 22 de septiembre de 1963 rumbo a Madrid, que lo dejó semiparalítico durante un año y medio.

El secuestro de su padre, doctor Julio Iglesias Puga, en 1985, por el comando ETA. Fue liberado a los 20 días y falleció a los 90 años en el 2005, dejando dos hijos pequeños.

Primer éxito: "La vida sigue igual" (1968).

Discos: Ochenta y uno en diferentes idiomas. El más reciente, *Quelque Chose de France* (2007).

Idiomas: Ha grabado en inglés, francés, portugués, alemán, italiano, japonés, tagalo y español.

Duetos: Frank Sinatra, Stevie Wonder, Diana Ross, Willie Nelson, Sting, Vicente Fernández, Los Temerarios, Roberto Carlos, Pedro Vargas, José Luis Rodríguez *el Puma*, Rocío Dúrcal, Dolly Parton, Alejandro Fernández, Michael Jackson.

Películas: *La vida sigue igual* (1969) y *Me olvidé de vivir* (1980).

Libros: *Entre el cielo y el infierno* (1981, en español y en francés).

Alrededor de una estrella se dibuja una silueta mística y especial. Nada marca la división entre el glamur y esa personalidad que se desarrolla cuando se construyen sólidas carreras sobre vigorosos cimientos. Sitios inalcanzables para sus seguidores, incluso para quienes trabajamos regidos por el oficio del periodismo.

A Julio Iglesias lo conocí en el Festival Acapulco, en 1996 (todavía al mando de don Raúl Velasco), cuando visitó México para presentar el tan mencionado y poco vendido disco de *Tangos*. Una excepción en la regla. Una buena forma de conocer al astro español cantando en un género que nunca fue el suyo, pero resultó un buen intento.

Rodeado de mujeres para su cuidado físico y de hombres para el personal, el eterno seductor apareció por la puerta lateral del Centro Internacional Acapulco para ensayar un día antes de su actuación, rutina propia de un perfeccionista. Julio lucía impecable: pantalón de mezclilla azul bajo, camiseta blanca que dejaba ver sus bronceados y velludos brazos, zapatos claros sin calcetines, su costumbre, y su distintivo amuleto para la buena suerte: una bufanda que invariablemente rodea su cintura.

Lo de guapo sí me gusta porque me miro al espejo cinco veces al día a ver si puedo mejorar, ¿no? La verdad es que lo que me gusta es estar vivo, poder hacer entrevistas y tener ganas de divertirme y no cansarme de lo que hago, de pasarla bien, de disfrutarla. La vida es muy corta y yo ya tengo mucha prisa...

Me acerqué a paso rápido sin que nadie me lo impidiera. Lo encontré de frente. Le dije mi nombre y le pedí una entrevista para el licenciado Jacobo Zabludovsky, su amigo de siempre. Julio escuchó atento. Con una mano en la barbilla y la otra en la cintura, movió la cabeza de un lado a otro: era una negativa. Al ver mi reacción rió a carcajadas; en verdad estaba divertido con la broma. "Para Jacobo lo que quieras"; me dio un beso en la mejilla y pactamos la cita para el día siguiente.

Su perfil hacia la cámara, sea fotográfica o de video, es el derecho. Nunca se te ocurra grabarlo por sorpresa, simplemente no le gusta: "Siempre me sacan mal, me veo desaliñado". Por tal razón, su compañía disquera contrata un equipo especial de iluminación y cámaras para que lo fotografíen como a él le gusta, como según él se ve mejor. A mí me parece que luce bien de cualquier manera.

La edad da un gran conocimiento de uno mismo, tus límites, te recuerda constantemente tus abusos y te dice todos los días cómo debes aprender a cuidarte, te hace respetar a los demás mucho más...

Aquella mañana en Acapulco, el equipo no era rentado, era el de Televisa. Llegamos con hora y media de anticipación para dirigir la cámara a la silla que ocuparía el ex portero del Real Madrid, como lo indicó la joven que en ese entonces trabajaba con Julio manejando a los medios. Luego de varias pruebas sólo nos quedaba esperar. En punto de la hora pactada se escuchó la voz del cantante español con más prestigio internacional acercándose. Saludó amablemente, tuvimos una corta plática sobre su presencia en el puerto mexicano y comenzamos. Al final de la entrevista me pidió que no le hablara de usted, me dio un beso en los labios y aseguró: "Cada vez que me entrevistes, así nos vamos a despedir".

Y así fue. Una entrevista, un beso. No le importó si era en el Palacio de Hierro de Santa Fe, cuando vino a inaugurar la Semana Gallega; tampoco le interesó que fuera en medio de cámaras y técnicos cuando presentó su disco *Noche de cuatro lunas*, o bien cuando visitó nuestro país sorpresivamente para filmar el video "Dos corazones, dos historias", con Alejandro Fernández. Julio Iglesias tiene una maravillosa retentiva; es probable que no recuerde el nombre, pero un rostro jamás lo olvida, y sus promesas, menos.

Disciplinarse al máximo y entender la vida de una manera diferente; así es como te puedes sentir cerca de la gente joven. De hecho, yo creo que una persona es mayor cuando se muere...

MP: ¿Le tienes miedo a la muerte?

JI: Pánico; claro que le tengo miedo a la muerte. Hombre, sería muy valiente decir que no le tengo miedo, pero no soy tan valiente, soy un cobarde, por eso disciplino mi vida, para morirme más tarde, aparte que ahora la muerte no tiene sentido en televisión, la muerte no existe...

El español más famoso del siglo xx tiene un gran sentido del humor. Y mientras se afinan detalles para hacer una entrevista, alburea, sí, alburea y bromea con palabras altisonantes. Involucra a la maquillista, pasando por los técnicos, y termina con los ejecutivos de su casa discográfica.

Sobrio y sin mayor adorno en las manos o el pecho que su coquetería, a Julio le fascina estar perfectamente arreglado y peinado, y si para ello necesita un fijador para el cabello, no duda en usarlo. Si al final del retoque le dices guapo, enloquece.

JI: No, no tengo todo. ¿Qué es lo que me falta? Pues me faltan muchas cosas: me falta paciencia, me falta tiempo. Yo creo que a medida que va pasando el tiempo te das cuenta de que los minutos son mucho más cortos, las horas se empiezan a hacer minutos y los días horas. Cuando te das cuenta ya han pasado cinco años. Lo que más me falta a mí de verdad, en este momento, es tiempo para hacer todo lo que quiero hacer y todo lo que debería hacer; sobre todo, todo lo que debería hacer...

MP: ¿Y qué deberías hacer?

JI: Ser una mejor persona, mejor artista, más condescendiente, menos intransigente por el carácter que tengo. Sí... quiero hacer muchas cosas. El hecho de que te metas a un estudio y quieras hacer un disco después de tantos discos, el hecho de que te interesen las cosas nuevas, el hecho de que quieras despertar en los jóvenes una nueva inquietud, el hecho de que quieras que la gente esté ahí contigo siempre, el hecho de que quieras que te quiera la gente, ya es una gran motivación...

Julio Iglesias es un hombre puntual, disciplinado y cordial, pero su rostro cambia cuando alguien lo interrumpe o habla duran-te su plática. Un detalle: prefiere estar sin aire acondicionado aunque el lugar esté hirviendo.

El padre de ocho hijos es elegante, moderno, con clase y categoría. Se cuida lo suficiente para verse espectacular. Acude al gimnasio en el país donde esté, bebe agua en grandes cantidades, y por supuesto, toma el sol, que ya ha hecho estragos en su piel.

A sus 66 años no hay un momento en el que no piense en la niñez del mundo; es consciente y está sensibilizado respecto al hambre y las carencias de los pequeños; siempre está dispuesto a ayudar, pero en silencio, sin mayor alarde. Trabaja desde su trinchera para crear más empleos.

JI: Lo que más había aprendido yo en mi vida era a no juzgar, a no juzgar a la gente, y también a dar las gracias. La edad te enseña un poco el privilegio de todo lo que has hecho anteriormente y, sobre todo, cuando te das el privilegio de seguir cantando, de estar con la gente, volver a los países. En ese momento, lo más importante es dar las gracias, decir gracias, gracias. Es lo que me deja más tranquilo cuando salgo de un programa de televisión, cuando termino una entrevista: si me he olvidado de dar las gracias me siento mal, sobre todo últimamente, porque la vida mía es rápida, estoy siempre en las luces. Cuando llego al hotel me están esperando personas para decirme: "¿cómo te va, Julito?"; cuando salgo del hotel me dicen: "venga usted pronto"; cuando estás haciendo una entrevista te dicen: "¿cuándo vuelves?"; apenas has llegado y dicen: "¿cuándo vas a volver?" y cuando dicen: "¿cuándo vas a volver?", me da una alegría terrible porque en el fondo es lo más importante de todo, volver, y yo siempre estoy de vuelta.

El encuentro más reciente con este hombre de gran corazón y personalidad envidiable fue en Punta Cana, República Dominicana, con motivo del disco *Divorcio*, de 2003. Hasta ahí llegamos medios de comunicación de Puerto Rico, Venezuela, España, Estados Unidos, Colombia y, por supuesto, México, Televisa Espectáculos.

Aterrizamos en un vuelo comercial procedente de Miami, Florida, en un aeropuerto pequeño que recibe alrededor de 140 líneas de todo el mundo. Sin temor a equivocarme, es de los pocos que existen al aire libre y en el que además te dan la bienvenida con música típica del lugar, en vivo, a cualquier hora.

Del aeropuerto, propiedad de los dueños de Punta Cana, nos llevaron a uno de los dos hoteles ubicados en el paradisiaco lugar. Sólo se hacen cuatro minutos en auto. En el recorrido nos dijeron que los propietarios de este exclusivo edén son dos empresarios latinoamericanos, que dejaron en el anonimato, y dos figuras reconocidas: el diseñador dominicano Óscar de la Renta y el cantante español Julio Iglesias. Ambos viven ahí. Uno de sus vecinos más famosos es Mijhail Barishnikov, el reconocido bailarín ruso.

Lo que fue un hermoso manglar, hoy es un sitio de descanso turístico. Todavía sigue creciendo y ya cuenta con prestigio suficiente para ser visitado por europeos, norteamericanos y latinos. Eso sí, con mucho dinero.

Me encontré con Julio Iglesias en la Casa Club del hotel, la misma tarde que llegué a Punta Cana. Ya estaban instaladas dos cámaras, luces especiales y una escenografía informal para las entrevistas de televisión y de prensa.

Se cambió de ropa para cada medio. Esta vez usó una camiseta azul claro, pantalón y zapatos color beige. Aclaro: los calcetines sólo los usa con traje.

Fue muy cariñoso en el saludo. Me tomó del rostro y me dio un beso en la frente, bromeó un momento y me preguntó por su fraternal amigo Jacobo Zabludovsky, referencia felizmente obligada en cada encuentro. Hicimos la entrevista en media hora y me invitó a cenar en su casa, con su esposa.

A las 9:15 de la noche, las 8:15 de México, estuvo listo el señor que nos llevaría a la reunión. Diez minutos del hotel a la casa de Julio Iglesias.

Un enorme portón de madera nos dio la bienvenida a la mansión. Cómo me hubiera gustado guardar hasta el olor de los jardines, los bellísimos árboles y el ruido del viento. Una alberca enmarca las construcciones estilo Bally. En el interior, maderas brillantes preparadas para evitar la humedad, sillones blancos forrados de telas finas y una sobria decoración.

Nos recibió Miranda, su compañera durante más de 20 años, con quien comparte, además de la vida, cinco hijos:

Miguel, Rodrigo, Cristina y Victoria (sus gemelas), y Guillermo, que nació el 5 de mayo de 2007. Los niños dormían. La ex modelo holandesa, de un metro 80 centímetros de estatura, vestía una blusa blanca de estilo mexicano, los hombros descubiertos, una falda hasta el tobillo de colores vivos y alpargatas en tono crudo. El cabello rubio atado a la nuca y un anillo en oro blanco y piedras preciosas, Miranda, con finos modales, me presentó a su madre. Me platicó incluso de las casualidades del nacimiento de sus hijos. Primero una gitana, luego el sueño de la madrina de Rodrigo y después el ultrasonido.

JI: Yo me curo rápido del amor. ¿Sabes cómo me curo? En el desamor: el desamor te produce un desasosiego total, donde el estómago se arruga y no tienes ganas de nada. Entonces le digo a mi empresario: quiero trabajar la semana que viene donde sea, imagínate, en cualquier sitio, llévame a Finlandia, llévame a China, llévame a Japón y canto una semana. El primer día salgo un poco con las ojeras de la angustia; empiezan los aplausos y se van abriendo los ojos y el desamor se pasa. Yo cuando tengo un problema me voy al escenario, mi gran médico es el público y es un público que es generosísimo y bueno...

La cena fue en la casa de visitas. Hay otras villas: para visitantes, para los niños, la de Miranda y Julio, y una más, habilitada como escuela; en ella los cuatro pequeñitos estudian, con profesores de distintas nacionalidades, las materias correspondientes a su edad. Está decorada con mapas, estampas, esqueletos, pizarrones y todo lo necesario para su aprendizaje. Los cuatro hablan español por exigencia del padre, defensor absoluto del castellano. De igual forma saben inglés y pronto, seguramente, dominarán el holandés.

Parte de los 40 empleados de Julio, vestidos a la usanza tradicional de República Dominicana, nos atendieron con gran amabilidad. Ofrecieron jamón serrano jabugo, queso manchego de cabra y pan caliente. De beber solamente vino tinto, refresco y agua.

En la mesa tomamos tres tipos de vino rojo: uno, el de los invitados; dos, el de Miranda, y tres, el de Julio, que se declara amante de las buenas cosechas. Consomé de pollo, filete de res, papas con queso, jitomate asado con alcachofas y *pie* con helado de maracuyá. Fueron los platos servidos en la cena, sencilla como es Julio Iglesias.

Me senté al lado izquierdo de Julio, los demás compañeros flanqueando también a Miranda, que estaba justo frente a él en la enorme mesa redonda.

Platicamos de política, música, personajes, cirugías plásticas, familia y, por supuesto, de su carrera, de una trayectoria que retoma cuando así lo desea. Nos hizo saber cuánto le sorprende que no estar presente en los medios significa, para sus seguidores, estar retirado. No obstante, en los últimos 10 años el distinguido intérprete ha dado conciertos en Vietnam, Israel, Beijing, Rusia, Hong Kong, y lugares tan lejanos como distante parece este astro de la música latina.

Julio Iglesias es un hombre que vive entusiasmado, enamorado de su carrera, y no se ha ido ni se ha ausentado. Vuelve a cada momento para retomar su lugar.

JI: Quiero dar las gracias de verdad a tantas y tantas familias mexicanas que durante generaciones han guardado con cariño la música nuestra, la música de artistas de mi generación y que han crecido con nosotros, sobre todo a las mamás. Por ejemplo, me acuerdo de las mamás mexicanas; una de las cosas que más me impresionó en mi vida como artista son las madres latinoamericanas, cómo guardan a sus hijos. La maternidad latinoamericana es especialísima en mi corazón, la más especial de todas; a ellas las recuerdo muchísimo siempre porque son las que reviven en sus hijos, en las nuevas generaciones, la música de tantos y tantos años. Me paran por la calle y me dicen: "oye, mi mamá, mi mamá y mi mamá cantaba tus canciones". Especialmente para las mamás mexicanas, todo mi cariño...

Ha sido un placer conocerlo.

Si tuviera una goma de borrar me quitaría años, no experiencia...

JULIO IGLESIAS

Vicente Fernández

*"Siempre pienso y salgo con la idea de que es mi
primera presentación; tengo los mismos nervios,
el mismo miedo, la misma angustia de que el público,
a lo mejor, ya dejó de quererme..."*

Ficha técnica

Nombre real: Vicente Fernández Gómez.

Lugar de nacimiento: Huentitán El Alto, Jalisco.

Fecha de nacimiento: 17 de febrero de 1940.

Hermanas: María del Refugio Fernández Gómez (1937).
Ana María Teresa Fernández Gómez (1943).

Matrimonio: María del Refugio Abarca Villaseñor (desde 1963).

Profesiones: Albañil, bolero, mesero, lavaplatos, caballerango, cantante, actor, comerciante ambulante, empresario.

Dificultades: Después de la muerte de su padre, puso más sentimiento a la interpretación de sus canciones. En una de sus presentaciones, cautivó al público con sus lágrimas ante la pérdida del hombre que le dio la vida.
El 19 de mayo de 1998, su hijo Vicente Fernández Jr. fue víctima de secuestro por una banda que operaba en Jalisco,

proveniente de Sinaloa. Ciento veinte días después, fue liberado, el 11 de septiembre del mismo año, luego del pago por el rescate.

Sufrió cáncer de próstata en 2002, sin consecuencias.

Debut: En 1961, en el restaurante El Amanecer Tapatío y en el programa de televisión *Calandria musical*.

Primeros éxitos: "Tu camino y el mío" (1970) y "Volver, volver" (1973).

Discos: Ochenta y nueve, todos en español. El más reciente: *Necesito de ti* (2009).

Duetos: Alejandro Fernández, Vicente Fernández Jr., Celia Cruz, Yuri, Felipe Arriaga, Roberto Carlos, Javier Solís, José Alfredo Jiménez, Vikki Car, Angélica María, Aída Cuevas, Ana Gabriel.

Películas: Treintaidós como actor; 17 como productor. La última fue *Mi querido viejo* (1991), en la que actuó con su hijo Alejandro.

El primer sistema informativo de noticias en español nació en Televisa. Se llamaba ECO, como homenaje a uno de los más grandes teóricos de la comunicación: Umberto Eco. Nació en 1988 y logró impactar al mundo de la comunicación con su cobertura internacional en nuestro idioma. Este sistema revolucionó las noticias y el entretenimiento, y es insustituible en mi vida profesional.

En el "B" de Televisa Chapultepec lo vi por primera vez en persona. Sabía de él, de su trayectoria, de sus películas, de sus discos. Una leyenda viva del folclore mexicano frente a mí. Apareció detrás de cámaras, elegantemente ataviado: traje de charro color miel con botonadura dorada, al igual que su sombrero, y un moño café con su nombre bordado en hilo de oro; detrás de la corbata, la cruz que siempre lo cuida...

Aún recuerdo cómo lucía en su cuello la suave textura de seda del trozo de tela hecho nudo... El mismo que sabrá Dios en manos de quién habrá quedado cuando, al calor de la música en sus palenques, lo arranca para dejar un pedacito de él entre el público que lo sigue.

Con una sonrisa en el rostro, me dijo: "¿Qué pasó, mija?", su saludo característico. "Buenos días, señor", contesté. Evidentemente, el encuentro me dejó impresionada. Tener frente a mí a Vicente Fernández, a mis 22 años, iniciando una carrera (como me ocurrió con varios artistas que conocí en ese momento), francamente no era una experiencia de todos los días.

Esa mañana fue el comienzo de innumerables encuentros, todos respetuosos, de comunicación franca y un cariño que crece con los años.

Su memoria le permitió recordarme al paso de los años. Era 1991, se gestaba el Festival Acapulco. Fue la última noche de la fiesta cuando me lo topé en los pasillos del Centro de Convenciones, otra vez con traje de charro, azul con botonadura dorada, y de nueva cuenta se escuchó: "¿Qué pasó, mija; qué haces aquí sola?" "Buscando la salida, señor." Me dio un beso en la mejilla y me llevó a sentar con sus amigos detrás del escenario. En la mesa estaban Julio Iglesias, José Luis Rodríguez *el Puma* y sus respectivos representantes. Me senté y me dediqué a sonreír y a observar, en lo que encontraba una oportunidad para desaparecer de una plática en la que no participaba.

Eran los minutos previos antes de subir al escenario para cerrar a tres voces el más grande acontecimiento de que se tenga memoria en Acapulco; desde luego, conducido y producido por el inolvidable don Raúl Velasco.

Han pasado dos décadas desde la primera vez, entre coberturas de presentaciones de discos y entrevistas, todas con matices diferentes, algunas pintadas con dolorosos recuerdos, la mayoría alegres y francas.

Cualquiera imaginaría que Vicente Fernández tendrá un séquito que lo atiende: fotógrafo, maquillista, peinador, en fin, personajes que aparecen en la vida de un artista. Pero no; su sencillez va más lejos. Su sombra, asistente y también compadre es Juan José Martínez, *el Tigre*, como le llaman de cariño; un muchacho noble que lo acompaña en todo momento.

Vicente Fernández no tiene representante, para ello se basta y sobra él mismo. No hay trámites, burocracia, ni intermediarios. Hablar con él es tan sencillo como marcar su número y escuchar su voz; eso sí, una secretaria es la ocasión perfecta para acabar con su paciencia. Le fastidia oír: "Señor Fernández, permítame, le comunico". Para tratar con él, nada de protocolos ni de cargos, eso no es importante; lo que más vale para él es la humildad.

El Charro de Huentitán es como el tiempo: espontáneo, natural, avasallador, paciente. Un hombre que sabe esperar sus momentos, comprendiendo las épocas, adaptándose a ellas. Vive en las afueras de Guadalajara, en su refugio, el rancho Los Tres Potrillos, en honor a sus hijos Vicente, Gerardo y Alejandro, como lo ha cantado tantas veces: "Alejado del bullicio de la falsa sociedad", en una propiedad que cobija a su familia, que para muchos es motivo de presunción y para él simboliza la recompensa al esfuerzo de tantos años de trabajo. Un lugar donde corre el viento por los cuatro puntos cardinales, donde caballos y yeguas galopan en libertad, donde no se olvida el estudio, donde hijos y nietos practican en su propio lienzo. Perros, gallos, conejos y caballos conviven bajo el mismo techo: un cielo azul.

El remanso de tranquilidad al que regresa después de cada gira, de cada presentación, en el que le espera el amor de su compañera de más de 40 años, una mujer excepcional que siempre curará sus heridas, que seca sus lágrimas, las de alegría y las de tristeza, una mujer irrepetible.

Fue precisamente ella, doña Cuquita, quien amablemente me recibió en Los Tres Potrillos en 2004. El motivo: la presentación del disco *Se me hizo tarde la vida*. Don Vicente abrió su casa para recibir a medios de comunicación, nacionales e internacionales, ofreció una comida y nos regaló una hora de canciones, de palabras, de experiencias. Fue una tarde espléndida.

Al día siguiente platicamos frente a las cámaras, situadas en un rincón de su rancho, a la sombra de un pirú que hacía aún más agradable el clima caluroso de Tlajomulco de Zúñiga, en Jalisco.

A las nueve de la mañana, puntual como todos los grandes, ya estaba Vicente Fernández listo para comenzar con la charla. Su silla, estratégicamente colocada para que su perfil derecho, el preferido de muchos, recibiera la luz, ya estaba dispuesta para ser ocupada. La mía, casi a su lado. El ambiente propicio para una entrevista informal. Me sorprendió verlo vestido sin traje de charro, con zapatos modernos sin calcetines, que combinaban con el pantalón beige y una camisa en el mismo tono con vivos en café, que ligeramente dejaba al descubierto el vello de su pecho. Nada de maquillaje, un rostro sereno y limpio. Al comenzar la entrevista me pidió que le hablara de tú, solicitud que sólo acaté en una pregunta, porque hasta hoy le sigo hablando de usted.

VF: Mira, Mara, cuando mi papá en Huentitán era ganadero, cuando fracasó, fracasó como cinco veces, él era una gente que trabajaba a crédito, entonces se le venían las deudas y fracasaba y después volvía y pagaba todo. La última vez fracasó y nos fuimos a Tijuana, y allá andaba yo, trabajé en los trabajos más rústicos que te puedas imaginar, de los cuales me siento muy orgulloso porque ahí aprendí a ser hombre. Trabajé de lavaplatos, lavé coches, fui talachero, mesero, cajero, ordeñador, trabajé en los caballos del hipódromo, pero no con los finos, sino los que andan cabestreando a los caballos finos. Pero todo eso, Mara, me enseñó que la vida no es tan bonita como la pintan, pero que todo mundo puede lograr sus metas cuando le pone el cariño y la atención que se merece la carrera o el oficio que escojas... Yo creo que un artista, el día que diga que ya logró todo, no tiene nada que hacer en un escenario. Yo, cada vez que salgo a cualquier escenario, ya sea un palenque, ya sea, bueno, hasta en el atrio de una iglesia, siempre pienso y salgo con la idea de que es mi primera presentación; tengo los mismos nervios, el mismo miedo, la misma angustia de que el público a lo mejor ya dejó de quererme, aunque sé que no, pero el miedo se tiene. Es como cuando un torero está esperando su toro y lo vemos que se persigna, así yo, ya cuando llego al escenario se me calman todos los nervios, y como digo siempre: el trabajo ya es que me saquen de cantar. Yo pienso que todo lo que pueda sentir o lo que pueda preparar para salir a un escenario se me olvida porque en el escenario hago todo lo contrario de lo que iba a hacer. Yo jamás, Mara, me voy con una lista de canciones; siempre estoy cantando lo que el público me pide, porque son 78 discos que tengo en el mercado y mucha gente conoce la mayoría, y cuando salgo al escenario me dan papelitos, no sé si te habrás fijado, pero me dan papelitos y lo que hago es dárselos a las trompetas para cantar lo que el público está pidiendo. Entonces, yo no necesito hacer una lista, el *show* lo hace el público…

Aquel 2004 trabajé con un equipo rentado… Los camarógrafos me dieron instrucciones y 15 minutos de entrevista… Al marcar su tiempo, don Vicente, en tono enérgico pero sin prepotencia, dijo: "El tiempo yo lo marco, yo decido cuándo se termina la entrevista", y continuó respondiendo.

VF: Realmente, yo soy una persona que no tengo por qué tener ningún privilegio más; soy un ser humano con mucha suerte que Dios me ha dado y yo pienso que no tengo ningún privilegio de decir: a mí me han tocado cosas que no me deberían de tocar. He pagado cosas, como lo que todo mundo sabe de mi hijo Vicente (secuestrado el 19 de mayo de 1998 y liberado el 11 de septiembre del mismo año), que creo no me lo merecía, pero yo creo que Dios de repente dice: "te me estás pasando, ahí va para que sepas que eres una gente normal", y uno lo acata. Yo lo acaté, salí a cantar cuatro meses sin que el público me viera una lágrima, sin que el público me viera enojado o llorando, jamás. Pero si llegaba al hotel y no lloraba, bramaba; porque, Mara, es muy duro cuando te pasa esta situación porque después de cuatro meses lo más angustioso es que no sabes si vive o murió, y lo que más te duele es no saber dónde llevarle una flor o irle a rezar una oración. Son cosas que me duele mucho hablar de ello, pero que también, como tú dices, he pagado precios muy caros. Pero los recibo gustoso porque después de todo mi hijo volvió a su casa con sus hijos, volvió con su madre, volvió con su padre, sus hermanos, y como yo dije un día: si a mi hijo me lo devuelven yo no muevo un dedo, y no lo moví, no lo moví. Y también había dicho que si le pasaba algo, iba a hacer todo lo que tuviera a mi alcance para acabar con quien fuera. Pero como ellos cumplieron, yo le doy gracias a Dios que no tuve que rebajarme al nivel de ellos y convertirme en un asesino...

MP: Me preocupó mucho, Vicente, cuando se supo que tuviste cáncer...

VF: También. Bueno, si nos ponemos a retomar cosas, tú me estás recordando muchas, voy a salir de aquí: es cierto, es cierto, he pagado muchas. Porque de repente llego con el doctor, iba a revisarme de otra cosa, iba a hacerme un chequeo, y de repente me dice: "¿Cuánto hace que no te checas la próstata?" Le dije que yo me la checo con sangre, y cuando volteé ya se estaba poniendo un guante y vaselina y dije: no, no, no. Y yo le recomiendo a todo el público, sobre todo al masculino, que se chequen después de los 40 años, no es nada del otro mundo y es una cosa que no crean que nos van a deshonrar. Tampoco, no, no, no, es una cosa muy sencilla. Te digo, yo iba a una cosa y de repente me dicen: "tienes cáncer"; pues a operarme. Le dije que lo más imposible ya lo había logrado, que era nacer, y que ya a mi edad lo que Dios quisiera lo acataba, y ni cuenta me di de que tuve cáncer, porque empezaba, yo creo que tenía tres meses que me había brotado. Lo que sí, la recuperación no se la deseo a nadie, eso fue horrible y fueron cuatro meses de usar pañales, y es que queda uno como niño que tienes que enseñarte otra vez a saber controlar los esfínteres...

"Un mexicano en la México" habló con la sensibilidad que le han entregado los años, la suficiente para no contener a ese hombre que habita en su corazón: el que le ganó la batalla al cáncer, el que tuvo la fortaleza de esperar cuatro meses por noticias de su hijo, el que ha acatado cada designio de Dios sin cuestionarlo, el que sabe el valor del perdón, y el que también rinde testimonio de la fuerza del amor y de la unión de la familia.

VF: Yo acabo de cumplir 45 años de casado con mi esposa; como dije, a la que tiene que hacérsele un monumento es a ella porque me ha aguantado tanto en la vida. Pero he tratado de pagarle mis errores con cariño, con lágrimas, dándole todo lo que ella se merece, sobre todo respetándola aunque yo tenga, como dice la canción, que yo heredé al méndigo de Alejandro las faldas y el gusto por las mujeres, yo soy una gente que he sido todo lo habido y por haber de mujeriego, pero muy discreto. A mí nunca hubo nadie que me tachara de mujeriego o que me hubiera sacado una foto con alguien... Qué te puedo decir de mis hijos, para mí es una satisfacción muy grande haber logrado un trío con Vicente y con Alejandro, con "El mayor de los Fernández". Me faltó Gerardo porque no canta ni en la regadera, pero es una satisfacción muy grande poder grabar un tema así con tus hijos, porque eso se queda para el recuerdo y yo pienso que el día que yo falte, el día que Dios quiera recogerme, a ellos les va a dar mucho gusto recordar esos momentos...

La entrevista terminó en medio de la nostalgia, del agradecimiento, y con un gran abrazo, que hasta la fecha conservo.

Ahí conocí a Vicente Fernández Gómez. En su mundo. Dedicado a la crianza de caballos miniatura, ahora famosos gracias a él. Sabe el día, la fecha y el nombre de cada yegua que trae potrillos a la vida. Él se encarga de ayudarlas a parir, cada nacimiento le trae una nueva esperanza: la felicidad es palpable.

Por las mañanas, en la tranquilidad del campo, el ídolo de millones de personas, con texana, botas y chamarra, atuendo propio de su vida diaria, recorre al trote sus tierras, está al pendiente de sus caballos, de su arena, de su gente. Quizá a Vicente Fernández no se le conozca una causa benéfica o social, pero la nobleza no es pública: siempre que se trate de ayudar, ahí esta-rá su mano ansiosa de llevar alivio a quien lo necesite, sea cual sea la forma, con su presencia o con recursos.

A sus 67 años tiene fuerza para charrear cuando hay tiempo, ejecutar las suertes y participar engrandeciendo el deporte nacional, que también practican sus hijos, Vicente y Gerardo, con el equipo Los Tres Potrillos, que es de los mejores desde hace más de dos décadas.

El Rey, para ejemplo de las nuevas generaciones, siempre luce impecable. No importa si está en casa descansando, de gira o paseando por su rancho. Se esmera en su arreglo personal, cuida su peso haciendo dietas, se ejercita lo más que puede, corta su cabello y su bigote periódicamente, su piel no muestra las huellas de la experiencia, sus manos tan imitadas son cálidas y suaves; sólo un reloj dorado adorna su muñeca izquierda. Sus ropas, elegidas con buen gusto y a la moda, complementan la imagen del Mayor de los Fernández. Si me permiten el término, podría decirse que Vicente Fernández es el prototipo maduro del Charro Metrosexual.

El artista mexicano más conocido en el mundo tiene otra gran pasión, además de la música: la fotografía. Con un equipo profesional capta momentos y personas en cada oportunidad, sin importar la hora o el lugar. Además, don Vicente pasa largas horas haciendo composiciones fotográficas. Sí, minuciosamente cambia cuerpos, rostros, paisajes. Incluso se cambia el traje de charro tantas veces como hace para sus actuaciones, sólo por la magia de un clic.

El actor y productor de más de 30 cintas en la filmografía mexicana, gusta de las luchas libres, de las películas por televisión, pero además se mantiene informado de la actualidad de su país y del mundo. Así que las charlas improvisadas con él son sustanciosamente prolongadas, enriquecedoras y, sobre todo, amenas, divertidas.

Es conocedor de las bondades del tequila, pero admite que sucumbe al influjo del chocolate, del que disfruta cuando llega diciembre, el tiempo de descansar, justo cuando se rasura el bigote y se dispone a enfundarse en el traje, pero no de charro, sino el que lo relaja de un año de trabajo continuo. Sin temor a equivocarme, su agenda está ocupada hasta que él decida retirarse.

Sólo en estas épocas se dedica por entero a gozar de la Navidad con su bella esposa, sus hijos Vicente, Gerardo y Alejandro, y sus 11 nietos. Una familia tradicional mexicana, armoniosa, cariñosa, afectiva, pero sobre todo unida, la misma que ha pasado por tormentas y que, con amor, ha calmado las aguas.

Vicente Fernández sigue vigente. Un nuevo disco ilumina el camino de su trayectoria. *Para siempre* es el título, tal como lo será él para quienes lo conocemos y para quienes lo han seguido durante 46 años y han comprado alguno de sus 75 discos.

Para siempre, Vicente Fernández.

A mi edad usar la misma cintura que usaba cuando tenía 18 años es válido, pero es por respeto al público...

VICENTE FERNÁNDEZ

Vicente Fernández Jr.

*"De todo lo que me ha tocado vivir, he aprendido
a gozar más la vida, a darle el significado que
debe tener y a gozar las cosas buenas y malas
que nos mandan de arriba..."*

Ficha técnica

Nombre real: **Vicente Fernández Abarca.**

Lugar de nacimiento: **Guadalajara, Jalisco, México.**

Fecha de nacimiento: **11 de noviembre de 1964.**

Hermanos: **Gerardo Fernández Abarca (1966).
Alejandro Fernández Abarca (1971).**

Primer matrimonio: **Sissi Penichet Reynaga (divorciado, 1989-2003).**

Hijos: **Sissi Paola, Fernanda, Vicente y Ramón.**

Segundo matrimonio: **Mara Patricia Castañeda Millán, periodista de
espectáculos (15 de diciembre de 2007).**

Hijos: **Ninguno.**

Profesiones: **Pasante de contaduría, cantante y actor.**

Dificultades: **Fue secuestrado por la banda de Alonso Ávila Palafox el 19 de mayo de 1998. Fue liberado 120 días después, el 11 de septiembre, perdiendo dos dedos de la mano izquierda.**

Primer éxito: **"La canalla" (2008).**

Discos: **Tres en español: dos de mariachi y uno de banda. El más reciente:** *Juramentos* **(2008).**

Duetos: **Vicente Fernández, Alejandro Fernández, Ana Gabriel, Lucero.**

Películas: ***Tacos al carbón*** **(1971) y** *Uno y medio contra el mundo* **(1972).**

Disco: ***Fuego en la sangre*** **(2008).**

Era 1989, el final de una época dorada, repleta de música de todos los géneros; cada género encontraba un digno escaparate en los medios de comunicación e incluso había estaciones de radio que daban cabida a la música ranchera. De igual forma, había centros de espectáculos para disfrutar de artistas nacionales e internacionales y donde también se llevaban a cabo acontecimientos especiales. Y fue justo en uno de ellos, El Premiere, ubicado al sur de la ciudad de México, donde cubrí la presentación del disco de don Vicente Fernández, *El cuatrero*.

El Charro de Huentitán iba acompañado por sus tres hijos, Vicente, Gerardo y Alejandro, y por supuesto por Cuquita, su esposa. La memoria no me da para recordar los rostros, pero a quien si le dio fue a Vicente Jr.: él no olvidó aquel primer encuentro que tuvimos hace más de 20 años.

El tiempo hizo su labor, cada quien siguió su rumbo, él se casó, tuvo cuatro hijos, y yo seguí trabajando.

Casi nueve años después, estando en Noticieros Televisa, recibí una llamada de la compañía disquera de Alejandro Fernández. Me pidieron hacer un enlace telefónico al noticiero de Guillermo Ortega para informar, ante los fuertes rumores de un secuestro en la familia Fernández, que él no estaba en cautiverio y que todos en su familia se encontraban bien. La aclaración se hizo, pero trascendió que uno de los Fernández estaba privado de su libertad. Efectivamente, Alejandro estaba seguro, pero Vicente estaba secuestrado.

En septiembre de 1998, Guillermo Ortega transmitía una entrevista desde San Antonio, Texas, con don Vicente Fernández y su hijo. Fue escalofriante escuchar el relato: 120 días de cautiverio y la pérdida de dos dedos de la mano izquierda. Lo observaba y sentía un profundo dolor, no tenía palabras.

Pasaron pocos años. Por una razón o por otra comencé a recibir llamadas de Vicente Jr.: "¿Cómo está la estrella más bonita del Canal de las Estrellas?", me decía al contestar el teléfono.

Me sonrojaba cada vez que escuchaba su voz, pero platicábamos de cuestiones personales, incluso cuando cambié de número de celular le llamé para informarle.

Para 2001, en el AcaFest, el festival de música que se realizaba en en el Centro de Convenciones de Acapulco, Vicente Jr. estaba presentando el disco *El mayor de los Potrillos*. Luis Mario Santoscoy, mi jefe, y yo fuimos al camerino a saludar a don Vicente Fernández y a su hijo. Fue un encuentro rápido pero cariñoso, como serían los subsecuentes.

En el plano profesional entrevisté a Vicente Jr. en un programa de radio que tuve en la estación xew en 2002. Llevaba su segundo disco, *Vicente Fernández hijo con mariachi*. Llegó feliz, saludando a todas las personas que encontraba. Iba vestido de negro con botas y texana del mismo color y acompañado de sus inseparables guardaespaldas.

El mayor de los potrillos es un hombre extremadamente sencillo, su comportamiento no es como podría imaginarse por ser hijo de don Vicente. Al contrario, es el mejor ejemplo de humildad. Su rostro afable lucía tranquilo y con una sonrisa que, convertida en carcajada, era contagiosa. No encontré ningún rasgo de dolor ni siquiera en sus palabras.

La plática se tornó más que agradable; evidentemente, hablamos de su nuevo material. Mi compañera Dioni González y yo nos dedicamos a preguntar sobre el disco. Las llamadas del público eran para felicitarlo, pero también para interrogarlo sobre el secuestro. Vicente Jr. respondió de manera correcta, sin revelar un solo detalle.

Debo mencionar que hubo varios periodistas y hasta productores interesados en hablar de su secuestro y hacer una película con su historia. Pero él jamás, ni por equivocación, ha querido hablar al respecto.

El programa terminó; ya en el estacionamiento se quitó las gafas de sol, me las puso y me dijo: "Algún día quiero ver lo que ven tus ojos..." Así habló ese hombre amante de los perros, los caballos y la charrería.

Me quedé inmóvil, sin saber qué responder. De nuevo me sonrojé; la verdad, me ponía nerviosa. Le agradecí y subí a mi coche. De repente vi que venía atrás de mí haciendo señas para que me detuviera. Bajé el vidrio y se acercó, me entregó el estuche de los lentes y nuevamente me dio un beso de despedida. Siguieron las llamadas, pero no nos vimos más esa temporada.

Volví a entrevistar a Vicente Fernández Jr. en 2003, cuando fui a Guadalajara, Jalisco, a cubrir la presentación del disco de don Vicente *Se me hace tarde la vida*, en Los Tres Potrillos, su rancho. Para ese tiempo Vicente hijo ya no estaba activo en la música. El encuentro fue nuevamente gentil y emocionante. No faltaron los comentarios de mi amiga y compañera Blanca Martínez, directora de la revista *Furia Musical*, que también había sido convocada por la compañía disquera, sobre lo que sabía respecto al gusto de Vicente por mí, palabras que no creí porque se trataba de "un Potrillo" ya divorciado. Tampoco pasó a mayores. Seguían las llamadas afectuosas y amistosas.

Al año siguiente, en 2004, hicimos un programa sobre secuestros para *Tras la verdad*: el manejo de la información, la psicología de las víctimas, la legislación al respecto y las heridas que nunca cierran. Logramos tener a Adolfo Ángel, *el Temerario*, por lo ocurrido con su padre; a Adal Ramones; a Laura Zapata y Ernestina Sodi, y a Juan Osorio. Además del periodista Jacobo Zabludovsky, estuvieron Alfonso Navarrete Prida, entonces procurador de Justicia del Estado de México; Max Morales, especialista en casos de secuestro, y varias personalidades que hablaron de las estadísticas. Nos faltaba Vicente Fernández Jr.

Justo ahí, en ese punto, llegó la disyuntiva. ¿Cómo pedirle eso a un artista que sólo había tenido atenciones y buenos detalles? Pues con todo y mi vergüenza lo llamé, tomé valor y le expliqué de qué se trataba. Su respuesta fue: "Por tratarse de ti, lo voy a hacer..."

Y lo hizo. Me citó en el aeropuerto Benito Juárez de la ciudad de México. Venía de trabajar, hizo conexión en el Distrito Federal y entre un avión y otro salió a la puerta de llegadas nacionales y pude hacerle unas pocas preguntas. Estaba muy nerviosa. Él me imponía, y con el tipo de preguntas que le tenía que hacer, más angustiada me sentía. Me dio escuetas respuestas, para el programa. Salí del aeropuerto satisfecha, pero con un dejo de tristeza.

Hay algo que todavía me puede en el alma. Vicente Jr. siempre ha sido muy discreto con su secuestro. Si puede, evita el tema, y a las preguntas responde con parquedad. Palabras más, palabras menos, le dio vuelta a la hoja. Pero cuando hay una relación, digamos, de amistad, es muy complicado solicitar una entrevista, y sobre todo para hablar de un tema que está en el olvido.

Y siguieron las entrevistas con él. Yo nada hacía, los reporteros de Televisa Espectáculos se encargaban de todo, pero seguimos manteniendo el contacto.

Fue en Acapulco, en casa de una amiga, donde comenzó todo. Matilde Obregón estaba jugando con mi radio y envió una alerta a tres personas amigas como si yo las estuviera mandando. La tercera fue para Vicente Jr. Ya eran las once de la noche y contestó. Lo saludé, le agradecí un mensaje grabado en la cámara de Televisa Espectáculos, que me había enviado con una compañera reportera, donde decía: "Aquí está la capilla, aquí está tu casa, y aquí estoy yo para cuando quieras casarte". Terminó la comunicación y la noche también.

Al día siguiente me llamó para cantarme la canción "Eso y más", del disco *Más allá del sol*, de nuestro querido Joan Sebastian. Lloré emocionada. Jamás nadie había tenido un detalle así y con una letra que me enterneció. Le agradecí entre sollozos.

Mi amiga y yo corrimos a comprar el disco y a escucharlo una y otra vez. Entonces sí, la presencia telefónica se hizo continua. El 22 de mayo de 2007 fue la fecha decisiva. Me invitó a comer en el Distrito Federal. Un restaurante argentino fue el testigo de una larga comida que duró hasta altas horas de la noche, convirtiéndose en cena y casi en desayuno. Ambos, libres como el viento, decidimos comenzar una relación. Siete meses después, el 15 de diciembre, nos casamos.

Hoy entiendo y agradezco la gran confianza que han depositado los artistas en mí. Jamás me han negado ninguna declaración. Sin embargo, comprendo que no es lo mismo entrevistar que ser entrevistado, sobre todo cuando ese artista es el hombre de tu vida.

Quién hubiera dicho que el hombre que conocí trabajando dos décadas atrás iba a ser mi compañero, mi esposo.

Así fue mi encuentro con el verdadero amor.

Yo no quiero el éxito de nadie, quiero el mío...

Vicente Fernández Jr.

Alejandro
Fernández

*"Soy también papá gallito y me siento súper orgulloso de lo
que hace mi hijo. Creo que es la misma sensación que tiene
mi papá; él me inició, me apoyó, estuvo al tanto de mis
primeros tres años de carrera y sigue pendiente, y al verme
realizado se ha de sentir muy orgulloso..."*

Ficha técnica

Nombre real: **Alejandro Fernández Abarca.**

Lugar de nacimiento: **México, Distrito Federal.**

Fecha de nacimiento: **24 de abril de 1971.**

Padres: **Vicente Fernández Gómez (cantante) y María del Refugio Abarca.**

Hermanos: **Vicente Fernández Abarca, cantante (1964). Gerardo Fernández Abarca (1966).**

Matrimonio: **América Guinart (divorciados, 1992- 2000).**

Hijos: **Alejandro y las gemelas América y Camila.**

Última pareja: **Ximena Díaz, actriz colombiana (separados, 1998- 2005).**

Hijos: **Emiliano y Valentina.**

Profesiones: Pasante de arquitecto, empresario, actor y cantante.

Dificultades: El accidente de su primogénito a los siete años en una cuatrimoto: resultó con un fuerte golpe en la cabeza y fractura de cráneo, al final sin consecuencias.

El polémico divorcio de su primera y única esposa, América Guinart, con una larga separación, y en medio del escándalo, una nueva relación.

El secuestro de su hermano Vicente Fernández Jr. el 19 de mayo de 1998. La banda operaba en el estado de Jalisco, proveniente de Sinaloa. Fue liberado a los 120 días, el 11 de septiembre.

En 2009 enfrentó problemas con su compañía disquera Sony Music, debido a que pretendía sacar un disco del cantante fuera del contrato establecido.

Debut: En 1976, al lado de su padre, Vicente Fernández, cantando "Alejandra". Pero fue el 30 de marzo de 1991 cuando se lanzó como solista con el disco *Alejandro Fernández*.

Primer éxito: "Necesito olvidarla" (1991).

Discos: Veintiuna producciones en español. El más reciente: *Dos Mundos* (2009).

Idiomas: Español, inglés y náhuatl (que aprendió para la película *Zapata*).

Duetos: Gloria Estefan, Malú, Julio Iglesias, Miguel Bosé, Plácido Domingo, José Carreras, Mario Frangoulis, Amaia Montero, Ednita Nazario, Yuri, Franco De Vita, Diego *el Cigala*, Beyoncé Knowles, Nelly Furtado, José Carreras, Chayanne, Marc Anthony, y su padre, Vicente Fernández.

Películas: Picardía mexicana (1977), *Mi querido viejo* (1991), *Zapata, el sueño de un héroe* (2004).

Conocerlo fue toparme con un joven cargado de emociones y de expectativas. Hace más de 15 años lo entrevisté por primera vez. Él ya tenía cinco discos grabados y estaba por cambiar de género, del ranchero al pop. Me tocó entrevistarlo formalmente por primera vez cuando Emilio Estefan le produjo el sexto disco, en 1997. Llevaba por título *Me estoy enamorando.*

Recuerdo que fue en un hotel de la avenida Reforma de la ciudad de México, uno de los más requeridos por los artistas para las entrevistas individuales; pero no se hizo en un salón, como se acostumbra ahora: fue en una *suite*. Alejandro estaba impecablemente vestido con un traje color café claro, camisa, calcetines y zapatos negros. Su cabello aún no pintaba canas. Muy formal, como siempre, muy educado.

Sin temor a equivocarme, el Potrillo es uno de los artistas con los que más he trabajado. He estado con él en ocasiones muy especiales, como su primera presentación en el Caesar's Palace de Las Vegas: fue el primer cantante latino en pisar el escenario construido especialmente para Céline Dion, en la develación de su estrella en el Paseo de la Fama de Hollywood, en Los Ángeles, California; en su primer concierto en Madrid, España; durante la filmación de la película *Zapata, el sueño de un héroe*; en las presentaciones de sus discos, en fin, he compartido muchos y diversos momentos de su carrera, distinción halagadora. Eso sí, en los grandes acontecimientos siempre están presentes su familia y sus hijos.

Alejandro Fernández, el menor de los "potrillos" de don Vicente Fernández, siempre cordial, siempre dispuesto. De los "potrillos", el más desbocado. Conmigo, siempre educado. Sus ganas en el arrancadero fueron más que los impedimentos para lograr una carrera efectiva.

En definitiva, Alejandro Fernández me ha sorprendido gratamente con su desarrollo. Nadie imaginaba que el hijo del gran Vicente Fernández lograría crecer de la manera en que lo ha hecho. De *Mi viejo*, producción cinematográfica en la que actuó al lado de su padre, a lo que es hoy, nadie lo hubiera imaginado. Claro, en ese momento ya daba muestras de su voz. Ha evolucionado satisfactoriamente en todos los niveles, ahora buscando el camino de la internacionalización. Ha brincado las barreras del apellido para correr en libertad por los camino de la música.

Extraño, pero Alejandro no había descubierto su mejor lado hasta hace poco tiempo: el derecho. Se puede platicar con él frente a la cámara sin exigencias. Es sencillo, agradable y con gran simpatía, aunque un poco tímido. El Potrillo es un joven sencillo en su trato. No es muy alto, pero posee gran carisma. Pulcro en el vestir, no importa si va informal, de traje o el atuendo de charro que tanto le aplauden sus seguidoras. Alejandro Fernández Abarca nació el 24 de abril de 1971 en la ciudad de México, pero fue registrado en Guadalajara, Jalisco, su lugar de residencia.

Alejandro es de muy buen comer, disfruta de la comida argentina y mexicana, acompañada de un buen vino tinto o de un buen tequila. En su camerino siempre tiene fruta fresca, refrescos de dieta y agua francesa.

En el caso de Alejandro Fernández he tenido suerte para que tanto su compañía disquera como su oficina me elijan para cubrir sus actuaciones y hacerle entrevistas. Son años de trabajo, de objetividad y de ética que al final rinden frutos dignos de degustarse.

Últimamente lo entrevisté con motivo de sus discos *Evolución* y *Tradición*, que presentó al mismo tiempo. En esa oportunidad nos encontramos en un lujoso hotel del centro de la ciudad de México. Como ya es costumbre de un tiempo a la fecha, la compañía disquera rentó cámaras e iluminación (*junket*), las cuales se colocaron en un salón especial para convenciones y otros actos. Debo aclarar que cuando hacemos una entrevista con equipo *junket*, el material de video nos lo entregan al terminar la entrevista. Esta vez fue diferente. Me entregaron los casetes cinco días después, para que la entrevista fuera transmitida en televisión justo el día del lanzamiento de los discos.

Cuando llegó mi turno, Alejandro estaba despidiendo a otro entrevistador y me saludó muy cariñoso. Iba todo de negro, excepto la camisa blanca. Su cabello, ahora sí entrecano y corto, enmarcaba un rostro cansado por las numerosas entrevistas que había dado durante el día, pero con gran entusiasmo. El Potrillo ya se preparaba para una gira promocional en Estados Unidos y España. Lo primero que me dijo fue:

AF: Qué difícil es hacer una entrevista contigo, que sabes más de mi vida que yo —y soltó la carcajada.

MP: Vengo en plan profesional, no familiar —y seguimos riéndonos.

Tomamos nuestro lugar. Él, ahora sí, dando su lado derecho a la cámara y la otra tomándonos a los dos. La maquillista se acercó a él y cuidadosamente le retiró el brillo del rostro, le puso polvo y le acomodó la camisa. Alejandro, en tono serio, le llamó la atención a su secretario por el cuello, que al parecer no estaba a su gusto. No pasó a mayores.

Una vez listo, comenzó la charla.

MP: Alejandro, siempre es un placer, como desde hace más de 15 años que me ha tocado entrevistarte, volverte a ver, y ahora con una propuesta, con dos mundos que yo creo que es la primera vez que lo hace un artista en México.

AF: Yo creo que, no sólo en México: nadie se había atrevido a hacer una propuesta así, porque no estamos haciendo ninguna interpretación de pop a ranchero o de ranchero a pop. Los dos discos son totalmente diferentes el de *Evolución*, que es el de pop, está producido por Aureo Baqueiro, y del otro, todas las canciones son de Joan Sebastian. Fue increíble, creo que es una propuesta arriesgada. Cuando hice el cambio de disquera siempre era como un dolor de cabeza pensar en qué género íbamos a sacar el material, y siempre nos íbamos por el pop, porque la música regional mexicana no tiene la misma proyección...

Esas palabras iluminaron su rostro, como si se hubieran cristalizado los bellos recuerdos en sus pupilas.

MP: Ya que estás en este camino de la evolución, ¿no has pensado cantar en inglés o en algún otro idioma?

AF: No es algo que me quite el sueño, pero tampoco lo tengo descartado. Si me llega una propuesta interesante, la valoro, y si creo que me va a aportar algo, lo haría. Pero fíjate que he tenido dos aportaciones o he tenido la fortuna de tener dos colaboraciones de cantantes muy importantes a nivel mundial, que son Beyoncé y Nelly Furtado. Lo más curioso fue que lo hicimos en español; el mercado internacional se está dando cuenta del dragón dormido que hay en Latinoamérica y le están empezando a hacer cosquillas para despertarlo y en lugar de hacer música en inglés la van a hacer en español. Me sorprende muchísimo, y bueno, creo que si la gente se interesa en tu talento, le dará lo mismo que cantes en japonés, inglés, francés o en ruso o en lo que sea.

MP: ¿Y de la actuación, Alejandro?

AF: La actuación —me quedó muy claro— es una cosa que me apasiona; curiosamente desde chiquito, antes que ser cantante, siempre pensé en ser actor. Yo viví la vida de mi padre en sus dos carreras, sus dos facetas; como cantante y como actor. Vivía tras todos los sets de cine, las cámaras, los directores. Pero la primera propuesta para incursionar en el ámbito artístico se me dio al revés: hacer música. Lo hice y me quedé enganchado. Realizar cine después de dedicarse a la música sí está difícil, y no por ello deja de apasionarme. Si llegara una propuesta interesante volvería a actuar, me gustaría mucho.

MP: Ahora que hablas de tu padre, Alejandro, en algún momento comentabas que hubo muchas ausencias, cuando tú eras niño, de tu padre. Y a veces los hijos nos atrevemos a decir y a prejuzgar sin conocer, hasta que somos padres, como es tu caso.

AF: Yo no me atrevería a juzgar ahorita a mi padre, porque estoy pasando por lo mismo: de alguna forma tengo que trabajar y debo estar fuera para darles a mis hijos todo lo que quieran. Más bien es un proceso de entendimiento.

MP: ¿Cómo es la relación con tus hijos, y también con la prensa, porque de repente les muestran a su papá de otra manera, no como ellos han tenido oportunidad de verlo?

AF: Me han visto en todas las facetas, no les he escondido nada, me han visto en todas y me conocen en todas, no tengo nada; que ocultarles a mis hijos. Y lo que sí he platicado con ellos es que no hagan mucho caso de la prensa amarillista.

Al finalizar la entrevista, como lo enseñó el maestro Jacobo Zabludovsky, le dije el acostumbrado:

MP: Algo más que quieras agregar...

AF: Sí, dile a Vicente que lo amo y que le mando un beso —y soltó la carcajada.

MP: Que conste, quien rompió con la solemnidad fuiste tú —le respondí y no parábamos de reírnos.

Como siempre, una entrevista por demás agradable, y por primera vez no me dijo: "¿Me puedes repetir la pregunta?", algo característico en él.

Verlo es comprobar que sigue siendo el mismo. Ocurrente, divertido, feliz y paciente. Y aunque cuente con los triunfos que ahora guarda en el corazón, no deja de ser juguetón y bromista. Me gustó verlo igual o más enamorado de su pareja, la joven jalisciense Ayari Anaya, aunque de matrimonio ni hablamos.

AF: Mira, creo en el matrimonio; obvio, después de pasar una ruptura pues es difícil volver a creer en ello. Si lo voy a hacer, lo haré bien y va a ser para siempre; entonces, pues ya les avisaré.

MP: ¿No es el momento?

AF: Ahorita no; digo, estoy bien, llevamos una relación ya muy larga. Normalmente mis relaciones han sido duraderas y largas, y pues, por el momento, la única ventaja que tengo es que ella está muy chiquita y está estudiando...

Los encuentros con este charro metrosexual son agradables. Siempre con propuestas nuevas, con la felicidad que embarga a un muchacho con ganas de vivir. Felicidades para Alejandro Fernández y suerte para todo lo bueno que se le espera a este Potrillo que sigue trotando por el mundo.

Solamente quiero dedicarme a la música en español; no te digo que nunca haré otra cosa, porque igual puede llegar el proyecto y lo hago, pero por el momento estoy realmente interesado en todo lo latino...

ALEJANDRO FERNÁNDEZ

Joan Sebastian

*"Mis ganas de vivir, porque sí, yo pienso que la vida
es hermosísima y tenía muchas ganas, tengo muchas
ganas de continuar tras mis sueños, de continuar
luchando por salir adelante, por evolucionar, crecer,
envejecer, y seguramente eso fue, o es lo que me ha
mantenido a flote..."*

Ficha técnica

Nombre real: José Manuel Figueroa Figueroa.

Lugar de nacimiento: Juliantla, Guerrero.

Fecha de nacimiento: 8 de abril de 1951.

Matrimonio: Teresa González.

Hijos: José Manuel, Trigo (asesinado en 2006) y Sebastián.

Ex pareja: Mary Carmen Ocampo.

Hija: Zarelea.

Ex pareja: Maribel Guardia.

Hijo: Marcos Julián.

Ex pareja: Alina Espino.

Hijas: **Marcelia y Joana Marcelia.**

Ex pareja: **Erika Alonso.**

Hija: **Juliana.**

Profesiones: **Seminarista, vendedor de autos, compositor, arreglista, productor, actor y cantante.**

Dificultades: **En 1999 le detectaron cáncer en los huesos. Desde entonces se encuentra en tratamiento permanente, ya que la enfermedad reaparece.**

> **El 29 de agosto de 2006, en Mission, Texas, fue asesinado de un balazo en la cabeza su hijo Trigo Figueroa González, al terminar un concierto del cantante.**

Primer éxito: **"El camino del amor" (1977).**

Discos: **Treinta y siete como intérprete el más reciente:** *Pegadito al corazón* **(2009) y como compositor, uno de los más recientes es** *Para siempre* **de Vicente Fernández.**

Duetos: **Alberto Vázquez, Antonio Aguilar, Pepe Aguilar, Maribel Guardia, José Manuel Figueroa, Lisa López, Marisela, Prisma, Thalía, Lidia Ávila, Diego Verdaguer.**

Películas: ***La sangre de nuestra raza*** **(1997),** ***Sangre de rey*** **(1982).**

Telenovelas: ***Tú y yo*** **(1996),** ***Amor sin maquillaje*** **(2007).**

Conseguir una entrevista con Joan Sebastian no es nada más solicitarla, o que su representante o la compañía disquera la ofrezcan. Es posible hablar con él al término de alguna actuación, pero no en privado, sino en "chacaleo" (todos los medios juntos), y aun así, nada seguro.

Sigo pensando que es cuestión de suerte. Y yo la he tenido. La tengo. Luis Mario Santoscoy, mi jefe, conoce a Joan Sebastian desde *Siempre en domingo* (programa de Raúl Velasco que duró 29 años al aire ininterrumpidamente). Lo llamó y le solicitó una entrevista para el programa de Televisa Espectáculos titulado *Tras la verdad*. No sé cuántas llamadas le habrá costado conseguirla, pero al final, para mi sorpresa como titular de la transmisión, la aceptó y dio fecha para el encuentro.

La entrevista fue en miércoles. Los artistas hacen sus compromisos personales entre semana, porque generalmente trabajan los fines de semana, en México o en el extranjero.

Ese miércoles justamente yo tenía otros compromisos que me impedían charlar con Joan (como le llamamos ya en confianza), así que se programó a Hugo Trujillo, compañero reportero, para que viajara a la casa del Rey del Jaripeo en Cuernavaca, Morelos, para realizar la entrevista.

Hugo Trujillo llegó puntual con su camarógrafo a instalar el equipo en una terraza de la casa. En ese momento, Joan Sebastian salió de su habitación y se sorprendió. Pensó que sería yo la que haría el especial. Hasta mandó sacar tres caballos de su picadero porque haríamos la entrevista montando. El asunto es que el cantante no quedó conforme y se retiró una hora, según me dijo mi compañero. ¿A qué? Pues a hablar con Luis Mario Santoscoy: "Quiero que venga Mara Patricia a entrevistarme", según palabras de mi jefe. Así que Joan regresó con Hugo Trujillo, que ya estaba más que angustiado. Hugo le hizo una entrevista rápida y regresó a México a contarnos lo que había sucedido.

A mí, además de darme pena, evidentemente me halagó el comentario de Joan; tenía razón: la titular de *Tras la verdad* soy yo. Así que se programó otra cita, fecha que aparté con especial cuidado. Como se trataba de una larga charla en la que había que hablar de su pasado y presente, me puse a investigar sobre su vida.

La entrevista fue la siguiente semana, también a media semana. Me fui con el camarógrafo y el operador, también a la casa de Cuernavaca. No fue fácil llegar, pero dimos con la dirección antes de la hora pactada, como debe ser. Nos dieron acceso. Bajé de la camioneta y me quedé perpleja ante la inmensidad del lugar: grandes jardines bien cuidados, construcciones estilo campirano, automóviles estacionados y, a lo lejos, la barranca donde Joan tiene caballos en libertad. Por el empedrado caminé con mucha dificultad debido a los tacones, hasta encontrarme con él.

Pantalones de mezclilla, botas, camisa texana de color claro. Así vestía, sencillo como es en su vida. Me saludó según su costumbre desde que nos conocemos. Me preguntó cómo nos había ido de camino, si habíamos dado rápido con la dirección, y nos llevó hasta el lugar donde había decidido que fuera la charla.

Nos indicó dónde colocarnos. Era una terraza que daba a su habitación. Mientras mis compañeros instalaban el equipo y la iluminación, me mostró su cuarto: un lugar muy sobrio, apenas con lo necesario, la ropa de cama blanca, igual que las delgadas telas que al cerrarse ocultaban la cama. También había un cuadro con un hermoso caballo blanco. Me asomé solamente: la verdad, me daba pena entrar por ser un sitio privado.

Víctor Rocha, el camarógrafo, nos avisó que todo estaba listo. Me inquieté un poco al ver que había movido dos sillones para colocarlos encontrados. Él tendría a su espalda el enorme jardín y yo la pared. Una vez sentados, lo levantaron dos veces para mejorar el encuadre. Más pena me dio; me imaginé que Joan se iba a molestar, porque aunque es un tipo exageradamente amable, tiene carácter, y lo que menos quería era que se sintiera incómodo. Afortunadamente no sucedió así. Se mostró accesible hasta que quedó la toma perfecta. Aunque no tiene ningún lado preferido, se acomodó frente a la cámara, y el tiro estaba inclinado a su derecha.

No puedo negar que estaba nerviosa por el antecedente y la estrella que es. Pero ya habíamos entrado en confianza. Necesitaba tranquilizarme y eso hice. Así comenzó la charla:

MP: Joan, muchísimas gracias por abrirnos un espacio en tu agenda y recibirnos en tu casa.

JS: Es un placer, Mara; gracias a ti, gracias.

MP: Es un lugar muy tranquilo; estábamos hablando de la delincuencia y todas esas cosas que suceden, pero independientemente de eso, Joan siempre ha rescatado ese espíritu de la provincia.

JS: Ojalá no me lo tome a mal la gente de provincia, pero yo me siento un representante total de la provincia...

MP: Recordemos Juliantla y recordemos los primeros años de vida de Joan Sebastian.

JS: Así es; Juliantla, mi tierra natal, las montañas frente a Taxco, ahí nací el 8 de abril de 1951 y disfruté mi tierra hasta los siete años de manera natural, totalmente natural, digo, porque en aquel entonces no teníamos luz eléctrica, ni agua, vamos a decir que no teníamos agua potable, pero a lo mejor era más potable que la que tenemos ahora entubada. Íbamos con el cantarito o con la cubeta a traer agua al manantial, al pozo; ahora ya está integrada de alguna forma a la urbanización. Con todo eso disfruté de ese pueblo a todo lo que da, en su naturaleza plena. Teníamos una veredita que nos llevaba a Taxco. Estuve ahí hasta los siete años y luego me fui a Guanajuato...

Ya para este momento, comenzaba a palpitar menos fuerte mi corazón. Joan Sebastian impone. Es un hombre de mediana estatura —bajó 13 centímetros por el cáncer en los huesos—, delgado pero de espaldas anchas. Su tez morena hacía resaltar sus expresivos ojos claros. Tiene una mirada penetrante y un bigote tupido, oscuro.

En todas las entrevistas temo equivocarme, me da pavor hacer preguntas indiscretas o molestar. Me gusta sobre todo hacer sentir bien a un artista sin adularlo, y Joan es exigente y perfeccionista para todo.

Observándolo y conociendo un poco su historia amorosa, se me hacía difícil imaginarlo de sacerdote.

MP: ¿Cómo viene ese rompimiento con la religión? ¿De la decisión que tomaste de ser sacerdote, de repente te lanzas a buscar un futuro?

JS: No hubo rompimiento; simple y sencillamente hubo de alguna forma una concientización de que lo mío no era el sacerdocio, de alguna forma expresé mi sentir. Recuerdo que, entre otras cosas, tuve la fortuna de conocer a don Sergio Méndez Arceo y varias veces le exterioricé mi sentir al respecto. En especial se me hacía un crimen que el sacerdote no se pudiera casar. Yo le preguntaba por qué y él me daba su razón, y de acuerdo con eso dejé el seminario, convencido de que yo no podía vivir sin la mujer. Ya para entonces me sentía enamorado, me sentía hombre, es decir, empezaba a aflorar mi deseo de estar con una mujer, de amar a una mujer. Dejé el seminario a los 17 años y me puse a echarle guitarrazos al mundo...

MP: ¿Y luego vino un viaje a los Estados Unidos?

JS: Sí, yo me fui a los Estados Unidos a los 20 años.

MP: ¿De mojado?

JS: No, afortunadamente no tuve que cruzar de mojado. Sí crucé de ilegal una vez, tenía una novia en Nogales, una novia que vivía en Tucson venía a verme con sus papás el fin de semana. Yo trabajaba en Nogales y por invitación de ella pasé a los Estados Unidos entre la bola de sus amigos, en un *jeep* cruzamos todos como ciudadanos americanos. Estuve 15 días en Tucson y me regresé. La historia es un tanto larga, pero la verdad es que en una fiesta alguien empezó a comentar que había pasado ilegal...

MP: Dicen por ahí que el idioma no se te daba.

JS: Tanto como que no se me daba... no tenía yo fluidez en el idioma, pero me defendía, siempre me defendía. Es más, aquí en Cuernavaca tuve varias maestras que me dieron cursos intensivos (ríe).

MP: Y luego ya empieza una carrera de vendedor de autos.

JS: Efectivamente, fui vendedor de autos y me iba muy bien. Fue casi el final de mis trabajos antes de ser totalmente cantante. Es decir, siempre fui cantante, pero de alguna forma, antes de que me llegara el éxito, yo era vendedor de carros, y en eso me llegó el éxito.

MP: Y ahí hay un cambio de nombre.

JS: El cambio de nombre fue después de unos cuatro o cinco años de lucha. Yo empecé como José Manuel Figueroa y grabé también un par de discos como Figueroa. Aunque mis discos se defendían por ahí. Llego a Mussart en 1975 y me piden que me cambie de nombre, porque Figueroa ya estaba muy choteado, muy quemado, y fue como llegamos al cambio de nombre y surge Joan Sebastian.

MP: Que de repente suena como un nombre extranjero.

JS: Sí, y yo lo lamentaba mucho, porque siendo tan mexicanista y de alguna forma tan regionalista, qué tenía que hacer este campesino con Joan, con Joan Sebastian, además. Y sentía que me iban a fusilar, me iban a quemar con leña verde en mi tierra, y afortunadamente lo fueron aceptando, digiriendo, y la prueba está en que aquí estamos después de varias décadas.

En 2002 estaba reciente su recuperación del cáncer, asunto que se mantuvo resguardado hasta que algunos medios de comunicación lo dieron a conocer.

MP: El año de 1999 fue muy difícil para ti, porque te anunciaron lo que tú decías que era una enfermedad de los huesos.

JS: Sí, yo venía de alguna forma saliendo de una etapa muy difícil en mi vida personal. Ahora, cuando volteo hacia esa etapa… yo no le cuelgo culpas a nadie ni a nada, simple y sencillamente lo tomo como parte de la vida. Pero en aquel momento, cuando exterioricé eso, le ponía inclusive nombre personal a mi enfermedad; no me preguntes quién o por qué, pero ahora, cuando lo veo, sé que está de alguna forma subsanado, está todo en paz, tan en paz que aquí estoy, estoy muy bien, estoy sano.

MP: Y además te ves muy bien; yo creo que también tienen que ver con esas enfermedades con las que has estado cerca. Creo que fue tu mente, tus ganas de vivir, tu fe en Dios y tantas cosas más allá de la medicina.

JS: Hay tantas cosas, Mara, y aprovecho el momento para agradecerle a tanta gente que me tuvo en sus oraciones, síganle. Sé decirles que la medicina no tiene una mejor combinación que las oraciones, la fe, y seguramente eso, aunado como dijiste a mis ganas de vivir… porque yo pienso que la vida es hermosísima y tenía muchas ganas, tengo muchas ganas de vivir.

MP: ¿Qué te cambió internamente, qué te cambió en el corazón después de eso, cómo viste además una nueva oportunidad de vida, cómo llevar tu vida de diferente manera?

JS: En realidad, a lo mejor lo que más vino a favorecerme fue mi carácter, de alguna forma le bajé bastante a mi soberbia, mi ego se doblegó, y no solamente se doblegó en el sentido de que hay que forzarlo, sino que afortunadamente creo que bajó. No te voy a decir que perdí totalmente el ego, ojalá que eso llegara, aunque lo veo difícil por mi humanidad. Pero de alguna forma pienso que para mi ego y mi soberbia, para mi vanidad, la enfermedad ha sido benéfica definitivamente.

Con este tema y con un profundo agradecimiento de parte de Joan Sebastian a su público, terminó la entrevista. Al despedirnos me invitó a comer en su casa, pero desafortunadamente no me pude quedar porque me esperaba el trabajo. Me hubiera encantado quedarme para seguir platicando con él.

Sin embargo, no fue una despedida definitiva: he seguido viéndolo fuera de cámaras y su amabilidad siempre ha estado latente. No sé si fue soberbio algún día; sé que este Sembrador de Amor está dispuesto a ayudar a los demás. Siempre será un placer haberlo conocido.

De alguna forma pienso que sí hay una predestinación, pero lógicamente creo que uno debe encargarse de ponerle ahora sí que lo atractivo, lo bonito, a su camino.

JOAN SEBASTIAN

Thalía

"Yo nunca me imaginé ser la protagonista de mi propia telenovela, así que estoy contenta. No sé qué pase en el futuro, porque, mira, realmente la vida tiene sus recovecos y sus misterios y Dios tiene sus caminos. Yo estoy gozando, estoy feliz, no sé qué pase, pero hoy estoy feliz, quiero gozar cada instante".

Ficha técnica

Nombre real: Ariadna Thalía Sodi Miranda.

Lugar de nacimiento: Ciudad de México.

Fecha de nacimiento: 26 de agosto de 1971.

Hermanas: Laura Zapata (actriz), Ernestina, Gabriela y Federica Sodi.

Matrimonio: Daniel Thomas *Tommy* Mottola, ejecutivo de la industria musical en Estados Unidos, 22 años mayor que la cantante (2000).

Hija: Sabrina Sakaë Mottola (2007).

Profesiones: Cantante, actriz y empresaria.

Dificultades: En septiembre de 2002, las hermanas de Thalía, Ernestina Sodi y Laura Zapata, fueron secuestradas al salir de una función de teatro en la que actuaba Laura. Tras pagarse el rescate, por la propia Thalía y su esposo Tommy Motto-la, fueron liberadas: Ernestina 40 y Laura 20 días después. La prensa siempre habló de una fractura en la familia y de un distanciamiento entre Thalía y Laura Zapata después del suceso.

En 2008, después de haber sido picada por una garrapata, sufrió un trastorno de salud conocido como la enfermedad de Lyme, que se caracteriza por irritaciones de la piel, la cual ha sido tratada oportunamente.

Debut: En 1981, en el programa *Juguemos a cantar*. En 1986-1990 se integra al grupo juvenil Timbiriche. En 1990 presenta su primer material como solista, titulado *Thalía*.

Primer éxito: "Un pacto entre los dos" (1990).

Discos: Catorce producciones; la última es una grabación hecha en Miami de un concierto privado en acústico, titulado *Primera fila* (2009), que será el primer álbum en vivo de la cantante.

Idiomas: Inglés, portugués, francés y español.

Duetos: Marc Anthony, A. B. Quintanilla y los Kumbia Kings, Fat Joe, Aventura, Daddy Yankee, Nubawn.

Telenovelas: *La pobre señorita Limantour* (1986), *Quinceañera* (1987), *Luz y sombra* (1989), *María Mercedes* (1992), *Marimar* (1994), *María la del Barrio* (1995), *Rosalinda* (1999).

Películas: *La Guerra de los Pasteles* (1979), *Mambo Café* (2000).

Libros: *Thalía, ¡belleza!* (2007), *Thalía, ¡radiante!* (2009).

Cada vez que pienso en Thalía recuerdo lo que me dijo una vez: "No busques a tu pareja, busca a tu parejo, alguien que piense como tú, que tenga los mismos ideales, los mismos sentimientos que tú". Ella lo llevó a cabo y vive feliz con Tommy Mottola, su marido y su Tomate, como le dice de cariño, y Sabrina Sakaë, su hija. Sabía que encontraría la posición exacta en su vida. Ella es así desde que la conozco, hace más de dos décadas: inquieta, trabajadora, con la mirada puesta en un objetivo, siempre mira hacia arriba.

De un modo u otro he estado cerca de ella desde mis inicios como reportera hasta los de ella como solista, cuando utilizaba flores en el cabello y en el micrófono, y cantaba "Amarillo azul". Después, ya casada, la acompañé cuando presentó un disco de banda, dos de pop, y en una cena a la que me invitó la pareja en Miami. Han sido muchas las ocasiones en que nos hemos visto.

Thalía es una mujer de figura fina y bonita estructura, con un encanto natural. De ella me ha tocado ver su desarrollo, sus transformaciones, sus dos facetas, como actriz y como cantante, y siempre ha sido sencilla en su trato pero no en su arreglo. Le encantaba estar a la última moda, maquillarse; es femenina y coqueta.

Mi entrevista más reciente con ella me ha llamado más la atención. Thalía es otra: ahora sí, sencilla en su vestir, con tenis y pantalón de mezclilla, camiseta, chaleco, muy poco maquillaje y el cabello al natural. Viajé a Miami para estar presente en la grabación en vivo de su más reciente material discográfico, titulado *Primera fila*.

Fue en el auditorio de un colegio de Miami, Florida, donde se reunieron productores mexicanos y extranjeros para preparar esta importante producción de la nueva compañía disquera de Tommy Mottola, *Luna Records*. También llegaron figuras internacionales de la comunicación, actores, actrices y seguidores de la cantante. Me tocó sentarme en la primera fila. A mi lado estaba Carlos Banda, el corresponsal de Televisa Espectáculos en Miami, y del otro, el esposo de la cantante que me saludó sólo con un movimiento de cabeza. Una vez listos los invitados y los detalles de la producción, apareció Thalía vestida como si estuviera en su casa. Tenis, pantalones de mezclilla, chaleco, playera y el cabello recogido, era todo el ajuar para esa noche tan especial. Qué agradable sorpresa nos llevamos al verla así. Hizo gala de las clases de canto que toma con la maestra de Céline Dion: cantó en vivo. Le fue muy bien.

La grabación duró dos horas y sólo se repitieron tres canciones porque al mismo tiempo se hacía audio y video, y necesitaban más tomas del público. Las entrevistas fueron hasta el día siguiente. Primero tenía que prepararme y luego llegar al encuentro.

Al otro día, muy temprano, llegué al estudio, donde ya estaba instalada la cámara para la entrevista (*junket*), dirigida al lado izquierdo de Thalía, que es el mejor, según los estudiosos del tema. Su gente de producción y de la disquera me invitó a sentarme. Me ofrecieron algo de tomar. La vi sentada a lo lejos en un banco alto, vestida casi igual que el día anterior. Por un momento pensé que la imagen de la grabación sería para el disco y no para toda la promoción. Pero Thalía ya había cambiado, se había despojado de todo lo inútil para quedarse con lo espiritual cobijándola, y con su sinceridad a flor de piel.

Se levantó a saludarme, sonriente, respetuosa. Se volvió a sentar. Llegó la maquillista a darle retoques en el rostro y un asistente le dio un vaso de agua. Me fui a sentar al otro banco, retirado de ella, puse mi grabadora a funcionar y comenzamos con la entrevista.

MP: Pude verte ayer con una imagen diferente de la Thalía que conocíamos de tantos años. ¿Cómo se da este cambio en ti, un cambio que no tiene que ver sólo con lo físico, sino un cambio en tu interior que reflejaste ayer en la grabación de *Primera fila*?

T: Pues es exactamente lo mismo, una evolución, ese cambio interior, ese parteaguas, ese romper todas mis estructuras y, por primera vez, ser vulnerable. Yo tenía mucho miedo, toda mi vida, de ser vulnerable; yo creo que por eso me cubría, por eso me tapaba, por eso producciones, por eso bailarines. Pero estos últimos años me rompieron mis esquemas personales, espirituales, mentales. Fui madre, que es el regalo más grande que se pueda tener, pero al mismo tiempo me enfermé y mi salud se vio comprometida. Sí, estuve de pronto, en algunas ocasiones durante mi recuperación, cerquita de sentir que yo ya me iba, que ya pasaba al otro camino, a la otra vida.

MP: ¿Qué te dijo tu marido, Thalía? Porque ayer estaba tu esposo a un lado y te veía y te veía. ¿Cómo fue esta plática para decidir el regreso a la Thalía niña, la Thalía sencilla o la Thalía que no tiene nada que ver con lo material?

T: Pues siempre, desde siempre, me decía: "Si la gente te conociera tal cual eres... ¿por qué te pones tanto? No te pongas tanto; las pestañas, los brillos… te ves tan bonita sencilla". Y yo no, no, así soy yo, y pues tienes miedo de que te vean tal cual eres, tienes miedo de que la gente te vea transparente, te vea frágil, que tienes miedo, que fracasas, te levantas, tienes dudas. A nosotros nos da miedo, a mí me daba miedo; entonces, ahorita dije: "¡Ya, tal cual, vámonos con buena música, con buena interpretación y preparándose, vámonos!"

MP: Tu enfermedad o lo que nos llegaba a México sobre tu enfermedad, Thalía, a veces sonaba: "Ay, qué raro, una garrapata", o "Thalía está bien, no pasa nada". ¿Qué pasaba en realidad con Thalía, con esta enfermedad, respecto a este bicho que es el Lyme?

T: Es una enfermedad que una vez que llega la tienes de por vida, y lo que pasa es que afecta todo tu sistema inmunológico, todos tus órganos. Fue difícil para mí en este proyecto, primeramente fue difícil en general, porque me drenó, me tuvo en cama por meses, con dolores, sin poder encontrar las palabras, sin poder encontrar los nombres de la gente que yo veía; cosas muy fuertes. No podía mover las manos, las caderas las tenía como las piernas, como paralizadas, todo es una enfermedad muy compleja, y bueno, gracias al apoyo de mi gente, gracias a 10 doctores y gracias a una rutina de salud, hoy enfoco mi vida día a día en la salud: no hay alcohol, no hay grandes comelitonas, que me encantan. Desafortunadamente no puedo, porque eso activa esta enfermedad.

MP: Es de por vida entonces.

T: Es de por vida, pero también tengo la oportunidad de recomenzar fuerte con mi vida; esto fue un parteaguas para mi vida, tuve que reestructurarlo todo. Comer ciertas cosas, hacer ejercicio pero de rutina, porque es parte de mi recuperación. Entonces, como te digo, va directo al sistema inmune. Este proyecto... tres semanas antes de esto, me drenaba, y tenía otra vez que decir: "tengo que luchar contra esta cosa, no me puede drenar el sistema inmunológico". Ahorita, antes de mi *show*, porque los mismos nervios te van drenando, y es como multiplicado en una lupa, los síntomas de esta enfermedad con el estrés... Entonces, de hoy en adelante no puedo tener el estrés que tenía yo antes, no puedo vivir mi vida en el acelere, debo vivir mi vida rico, a gusto, tranquila, que nada me estrese.

MP: ¿Tu hija?

T: Mi hija es lo máximo, mi hija es todo, es una maravilla, es la vida.

MP: ¿Tendrás algún otro bebé, Thalía?

T: En cuanto me recupere; pero en este momento... tendremos otro bebé, si Dios me lo manda.

MP: Ahora bien, ¿cómo será el único dueto que llevas en el disco *Primera fila*, con Joan Sebastian y con Capo? ¿No llevas más duetos?

T: No. Joan Sebastian es impresionante, cómo se dio, porque, siempre fanática de él, esas canciones, esa voz, esa forma de... y cuando se enteró del proyecto escribió la canción para que él y yo la cantáramos; dijo: "Yo me agarro el avión, yo me voy para allá, llevo mi guitarra. ¿Qué les hago?", con una disposición tan de ésos. Para mí fue como el día de mi graduación: todo lo he hecho, todo he cantado, todos los *looks*, he bailado todo, pero este día fue: okey, te graduaste y este hombre fue como, véngase para acá, el mentor rico, como véngase, y el otro chico, Capo, me cautivó con su video. Me mandaron el video, lo vi, su frescura, su formita de ser, su voz, su interpretación; dije: "Este chavo tiene algo. Como a mí me tendieron la mano tantas veces en el correr de los años en esta carrera, por qué yo no lo voy a hacer. Véngase para acá, cantemos esta canción tan maravillosa de Estefano, vamos a cantarla", y se dio esa magia también.

MP: Thalía, ¿qué le dirías al público mexicano? ¿Qué les dirías a tus seguidores de allá, sobre tu salud? ¿Cómo estás? ¿Cómo presentarías tu disco? ¿Cómo les dirías a tus seguidores, que siempre están esperándote?

T: Qué les puedo decir más que los amo profundamente, que estoy mejor que nunca, que este material, tú lo constataste, tú puedes decirlo, tiene magia, tiene honestidad, sinceridad y corazón, el corazón está ahí, y la frase principal: "El amor existe", el amor está.

MP: ¿Algo más que quieras agregar, Thalía?

T: Que muchas gracias por estar aquí, como siempre, por darnos siempre este espacio.

MP: Gracias a ti.

Fue una entrevista corta: aquí sí hubo quien me cortara porque tenía el tiempo medido, 15 minutos, no más. Al terminar la charla nos tomamos una fotografía. Nos despedimos de beso y con un fuerte abrazo. En seguida me fui a las instalaciones de una televisora en Miami para enviar la nota armada, porque tenía que salir al aire de inmediato. Hay ocasiones, con otros artistas, en que hay más tiempo. Al día siguiente se puede escribir, editar y transmitir con calma, pero en el caso de Thalía la nota tenía que hacerse de inmediato.

Así que Thalía es una cantante que estará siempre presente en mi carrera.

Cuando yo encontré lo que me faltaba, cuando encontré esa alma gemela, todo lo demás, sabes que todo lo demás es tan amplio como un horizonte, así, como un sol, un atardecer que está ahí, brillando para mí, y que no tengo que pensar en nada... todo fluye solito, entonces estoy feliz...

THALÍA

Verónica Castro

*"No soy la única; yo creo que todas las mujeres que
están en este mundo somos mujeres muy luchadoras.
Hablo por mi país, por las mujeres mexicanas
que luchamos mucho por la familia, luchamos
mucho por los hijos y tratamos de sacar adelante
a nuestros hermanos, a nuestros padres; y creo que
no soy la única, soy una de las tantas mujeres
mexicanas que luchamos muy duro y me siento
muy orgullosa por eso..."*

Ficha técnica

Nombre real: Verónica Judith Sainz Castro.

Lugar de nacimiento: Ciudad de México.

Fecha de nacimiento: 19 de octubre de 1952.

Hermanos: Fausto Gerardo, José Alberto *el Güero* (productor), Beatriz (actriz).

Hijos: Cristian Sainz Castro, actor y cantante (1974; producto de su relación con el comediante Manuel *el Loco*, Valdés).

Michelle Sainz Castro (1981; su padre es el empresario Enrique Niembro, con quien la actriz tuvo una relación sentimental).

Profesiones: Licenciada en relaciones internacionales (UNAM), bailarina, locutora, conductora de televisión, modelo, actriz y cantante.

Dificultades: Desde pequeña tuvo que trabajar para ayudar económicamente a su madre y hermanos.

Con sólo 22 años de edad, se enfrentó a las críticas de la sociedad por haberse involucrado sentimentalmente con Manuel *el Loco*, Valdés, así como por ser madre soltera, ya que el comediante no quiso responsabilizarse de su hijo.

En diciembre de 2005, Verónica se lesionó la columna durante la final del programa *Big Brother* VIP, cuando estuvo a punto de caer del elefante en el que llegó montada; esto le costó diversas intervenciones quirúrgicas.

También en 2005 se dio el distanciamiento entre ella y su hijo Cristian.

Debut: En la fotonovela *Chicas* y el programa televisivo *Operación ja ja* (1966); fue Rostro del *Heraldo* (1970).

Éxitos: *Los ricos también lloran* (1979), telenovela reconocida a nivel mundial; *Mariana*, el personaje principal, fue incluida en la obra *Nieve*, del escritor turco Orhan Pamuk, Premio Nobel de Literatura 2006.

Telenovelas: *No creo en los hombres* (1969), *El amor tiene cara de mujer* (1971), *El edificio de enfrente* (1972), *Barata de primavera* (1975), *Mañana será otro día* (1976), *El derecho de nacer* (1981), *Los ricos también lloran* (1979), *Pasiones encendidas* (1978), *Verónica: el rostro del amor* (1982), *Cara a cara* (1983), *Yolanda Luján* (1984), *Felicidad, ¿dónde estás?* (1985), *Amor prohibido* (1986), *Rosa salvaje* (1987), *Mi pequeña Soledad* (1990), *Valentina* (1993), *Pueblo chico, infierno grande* (1997), *Código postal* (2006) y *Los exitosos Pérez* (2009).

Discos: Cuenta con 30 producciones discográficas; la más reciente: *Resurrección* (2009).

Idiomas: Inglés, portugués, italiano y español.

Películas: **Novios y amantes** (1971), *El ausente* (1971), *La fuerza in-útil* (1972), *Cuando quiero llorar no lloro* (1972), *La recogida* (1972), *Bikinis y rock* (1972), *Un sueño de amor* (1972), *El arte de engañar* (1972), *Volveré a nacer* (1973), *Mi mesera* (1973), *El primer paso... de la mujer* (1974), *Guadalajara es México* (1975), *Acapulco 12-22* (1975), *Nobleza ranchera* (1977), *El niño y el papa* (1979), *Johnny Chicano* (1981), *Navajeros* (1980)., *Naná* (1985), *Chiquita pero picosa* (1986), *Algo muy especial de Ve-rónica Castro* (1986), *El ausente* (1989) y *Que Dios se lo pague* (1990).

Programas de televisión: **Revista musical** (1971), *Sábado '72* (1972), *Muy agradecido* (1975), *Noche a noche* (1980), *Esta noche se improvisa* (1984), *Aquí está* (1988), *Mala noche... ¡No!* (1989), *La movida* (1991), *¡Y Vero América va!* (1992), *Furia musical* (1993), *En la noche* (1994), *La tocada* (1996), *No contaban con mi astucia* (2000), *Big Brother* VIP *2* (2003), *Big Brother* VIP *3* (2004), *Big Brother 3-R* (2005), *Big Brother* VIP *4* (2005), *Pedro Infante vive* (2006), *Mentiras y verdades* (2007) y *Mujeres asesi-nas* (2008).

Teatro: **Por eso estamos como estamos** (1970), *Romeo y Julie-ta* (1970), *El juego que jugamos* (1971), *Don Juan Tenorio* (1975), *Coqueluche* (1976), *Travesuras de media noche* (1976), *La idiota* (1977), *24 horas contigo* (1978), *La luna azul* (1978), *Trutrú entre tres* (1979), *Chiquita pero picosa* (1980), *Un día con Charlie*, en Argentina (1982), *Los amores de Verónica*, en Ar-gentina (1983), *La mujer del año* (1995) y *Chiquita pero picosa* (2008).

Era 1988. Verónica Castro conducía *Mala noche... ¡no!*, un programa de entrevistas y música por demás exitoso. Era nocturno, pero cuando se ponía bueno y el artista se prestaba, duraba hasta la madrugada, como cuando se presentó Juan Gabriel: a él y a la Vero les dieron las seis de la mañana.

En esa época yo trabajaba para Juan Calderón en el sistema informativo ECO y también en la estación XEW, en la transmisión *Buenas tardes, buen provecho*. En ese tiempo no sólo hacíamos una emisión; el "Gallo", como le decimos de cariño a Juan Calderón, tenía a su cargo otros programas como *Las posadas W* y algunos especiales.

Cada año, los reporteros que trabajábamos con él recorríamos cualquier lugar donde se suponía que había artistas, para hacer grabaciones de las famosas posadas, de la época navideña.

Ya había recorrido casi todos los teatros y posibles lugares de la ciudad, pero necesitaba algunas más. Así que me decidí y fui a buscar al estudio donde Verónica Castro hacía el programa en Televisa Chapultepec. La actriz ojiverde tenía instalado un camerino dentro del foro. Llegaba muy temprano para comer, elegir su vestuario y arreglarse para la gran noche.

Llegué al estudio, pregunté a qué hora llegaba Verónica Castro me dijeron los técnicos que ya estaba ahí. Qué maravilla, pensé. Esa idea me la dieron la juventud y la ingenuidad. Me imagino que a estas alturas lo pensaría dos veces antes de entrar.

Caminé por el estudio a media luz; estaban montando la escenografía. Me dirigí despacito hacia el camerino, de donde provenían voces de mujer. Me fui acercando poco a poco hasta que llegué a la puerta. Frente al espejo estaba Verónica Castro. A través de la luna me vio y me dijo: "Hola", y le respondí: "Buenas noches, soy Mara Patricia Castañeda y vengo a ver si me da una entrevista para Juan Calderón, para las *Posadas W*", me fui de corrido. Sonrió y me invitó a pasar. Con ella estaba Fanny Shatz (q.e.p.d.), una de las mujeres más poderosas e influyentes en el ambiente como representante de artistas. Era apoderada de Verónica en ese momento. Por cierto, Fanny me hizo mala cara, pero la verdad, ni me importó; yo, a lo que iba.

Saqué mi grabadora de mano, le expliqué cómo quería la entrevista y la hicimos. Me despedí y salí del lugar.

En ese tiempo yo tenía 22 años, era joven e inexperta, pero eso sí, con muchas ganas de hacer cosas y de comerme el mundo. Me he quedado con un recuerdo tan bonito de Verónica, que todavía lo guardo con cariño. Se portó tan linda, tan amable, para ser la figura que es... Jamás imaginé siquiera lo sencilla que era y que, evidentemente, sigue siendo.

Recordé en aquel momento que, cuando era niña, mi madre y yo la encontramos en un restaurante de una importante cadena mexicana, y mi mamá me dijo que le pidiera un autógrafo. Me levanté de la mesa y corrí a pedírselo. Me trató muy bonito. Quién me iba a decir que varios años después la entrevistaría, y que hoy la llevaría en mi corazón, independientemente de mi trabajo profesional.

Tuve la suerte de seguir entrevistándola, de seguir tratándola. En una ocasión, para un enlace del noticiero de Jacobo Zabludovsky *24 Horas*, cuando estaba por iniciar la segunda temporada de su programa, que llevaría por título *La movida*, se acordó de mí, grata sorpresa.

Y así la seguí entrevistando. Pero recuerdo una vez en especial, en que me habló de sus inicios y de lo que estaba sucediendo con *Big Brother*, el *reality* que ella conducía en su última etapa. El encuentro fue en las instalaciones de la casa del Gran Hermano. Ya no fue en su camerino, sino en la sala que estaba afuera. De cualquier forma, cuando la saludé fue en su camerino, grande y repleto de ropa y accesorios para su programa. La estaban maquillando y ella, con su inevitable cigarro largo, fumaba emocionada por salir al aire. Bromeó conmigo y me dijo que la esperara, que no tardaba nada.

Mientras ella se alistaba, nosotros instalamos el equipo, colocando a su lado izquierdo la cámara, porque a su parecer es mejor que el derecho. De cualquier forma yo la percibo igual; pero, bueno, los artistas se conocen mejor. Mientras tanto yo estaba acomodando mi lugar, porque como no salía en la entrevista debía poner la silla casi frente a ella.

Pasó media hora. Salió con un vestido corto negro y con medias y zapatos altos del mismo color. Su rostro perfectamente maquillado y su cabello recogido la hacían lucir muy bien, y luego, bromista y sonriente, pues se veía mejor. Nos sentamos y comenzamos a platicar largamente. Iniciamos hablando de *Los ricos también lloran*, telenovela que abrió brecha a este mercado en el mundo y terminamos con una charla por demás agradable. Aquí un extracto.

MP: Verónica, como una de las grandes luminarias, tú fuiste protagonista de una historia muy importante, que marcó para la televisión algo más importante todavía: la apertura de los mercados a los melodramas. Hoy puedes hacer un recuento y puedes decir qué traía Mariana bajo el brazo.

VC: Mariana traía un montón de cosas bajo el brazo, yo la verdad no me lo imaginaba; primero porque cuando me llamaron para hacer la telenovela no sabía ni por cuántos capítulos; dije: "Bueno, los que me den: uno, dos, diez, los que sean". Era un momento muy difícil económicamente para mí y necesitaba realmente trabajo, a fuerza, a como diera lugar. Entonces, los capítulos que me dieran los iba a aceptar. Cuando me dijeron que era el estelar, bueno, pues ni yo lo creía, enloquecí. Valentín Pimstein realmente se portó muy bien conmigo, me dio la oportunidad que tanto estábamos esperando, yo creo todas, en una carrera artística, y me llegó después de 15 años de haber trabajado muy duro y de haber pasado a lo mejor muchos momentos difíciles también...

MP: ¿Qué recuerdos tienes de la infancia?

VC: Tengo recuerdos muy padres, porque fue una infancia muy movida, una infancia normal, una chavita normal de cualquier colonia pobre, con muchas carencias, muchas, muchas, demasiadas de repente, diría yo. Pero con mucho amor. Fíjate que mi mamá llenó un espacio a lo mejor muy fuerte en mi vida y yo creo que en la vida de mis hijos y mis hermanos era tan grande el amor de mi mamá y tan agresivo que sí, nos llenó mucho. Creo que con eso me conformé y no necesité más, porque no recuerdo haber sufrido, decir: "Ay, por qué no tengo esto; ay, por qué no mi papá, por qué no esto y por qué no lo otro". No, no, no; yo siempre dije: "Bueno, así es la vida, ni modo"; no hay qué comer, pues de repente un taquito con sal y un chilito y te das de santos y te cae de pelos. Tengo muy buenos recuerdos, fui una chava normal como cualquier otra, con muchas carencias, pero que finalmente, cuando teníamos un poquito para comprar bolillos, sabían bien ricos; además, soy bien tragona...

MP: Me llama mucho la atención, Verónica, tú eres así, yo te conozco, hemos tenido muchos encuentros dentro y fuera de cámaras y me parece que eres una mujer así, sencilla, que no es una postura, no es una forma de tratar de comunicarte con los jóvenes o con los no jóvenes. Tu lenguaje corporal, tu lenguaje hablado es así, se te sale una grosería de repente.

VC: Sí se me salen, porque además, ¿sabes qué?, se me salen y el público me ayuda mucho, el público es, como ayudador, qué maravilla. Me encanta porque además los *e-mails*, no sabes, si alguna vez me dieran la oportunidad de leer uno de ellos, sinceramente entenderían por qué de repente mis palabrotas. Pero me las piden, no es que yo las diga a propósito, todo se me pega, es mi vocabulario, soy una pelandruja natural, siempre pido disculpas, a veces un poco tarde, pero sí ha habido momentos en que definitivamente se me salen. Como lo de la mosca; me acerco a la cámara y le digo: "¿Y esa pinche mosca que está ahí?", se oye natural, pero el público a veces hasta festeja eso; a la mejor hay público al que definitivamente no le gustan las palabrotas, pero ¿qué hago? Gracias a Dios, en las telenovelas están los libretos, y pues no las digo; ahí me voy a portar bien, se los prometo. Pero en este tipo de programas donde todo está en vivo y todo mundo está gritando, pues tienes que ir diciendo lo que vas sintiendo, y espero que no se ofendan, porque no las digo para ofender, sino porque así soy, porque me divierto…

MP: ¿Algo más que quieras agregar, Verónica?

VC: Nada más agradecerte a ti, porque siempre estás presente en los momentos importantes, y estos 25 años de *Los ricos también lloran*, que son casi 40 míos de trabajo, son muy importantes para mí y para muchos de mis compañeros y también por supuesto para mi empresa, para la empresa que me dio de comer, que me dio la oportunidad, que confió en mí y que definitivamente me sigue echando la mano. Gracias...

Así terminó la plática, pero no el contacto. Posteriormente la seguí entrevistando, y me sigo quedando con la mujer trabajadora, fuerte, la que dice lo que siente, la de los amigos inseparables, la innovadora, con la madre y con el centro de una familia. Espero tener nuevamente la oportunidad de charlar algún día con ella.

No puedes parar; no porque alguien no te quiera, porque no te llamen o porque no te entiendan o porque no estén contigo se va a acabar tu vida; tienes que seguir adelante, y ni modo, peléale, lúchale y a otra cosa, mariposa...

Verónica Castro

Jacobo Zabludovsky

"Yo no pongo una diferencia entre un entrevistado que es mi amigo y un entrevistado que no es mi amigo, porque parto siempre de la base de un respeto. Se pueden hacer las preguntas periodísticas más audaces, más sorpresivas, más incisivas si se requiere, pero no tiene que llegarse a la injuria ni a la agresión..."

Ficha técnica

Nombre real: Jacobo Zabludovsky Kravesky.

Lugar de nacimiento: **Ciudad de México.**

Fecha de nacimiento: **24 de mayo de 1928.**

Matrimonio: **Sarah Nerubay Lieberman, de origen judío-ruso (casados, 1954).**

Hijos: **Jorge, Abraham y Diana.**

Profesiones: **Abogado, periodista, productor, director y locutor.**

Dificultades: **El terremoto de la ciudad de México del 19 de septiembre de 1985 fue un suceso que marcó su vida. Tras ver la ciudad destruida, al llegar a su sitio de trabajo, Televicentro, dijo: "Estoy llegando a mi casa de trabajo, donde he pasado más tiempo que en mi propia casa, y está destruida; sólo espero que mis hermanos de labor estén a salvo".**

Le ha ganado la batalla al cáncer en tres ocasiones: primero en la nariz (carcinoma), luego un melanoma maligno debajo del brazo derecho y después un cáncer de próstata. Duró año y medio en convalecencia lenta y dolorosa. Ahora, cada año debe hacerse estudios para ver si el cáncer no ha vuelto y detectarlo a tiempo.

Inicios: Comenzó sus actividades periodísticas en 1946, en Cadena Radio Continental, como ayudante de redactor de noticieros.

En 1950, tras la inauguración del Canal 4 de televisión con Guillermo Vela y Pedro Ferriz Santacruz, llevó a cabo el noticiario General Motors, el cual produjo y dirigió.

Éxito: Septiembre de 1970, comienza a transmitirse el noticiero *24 Horas*, en el que estuvo al frente por 30 años (2000).

Noticieros: Primera plana, Siglo xx, La verdad en el espacio, Telemundo, Su diario Nescafé, Hoy domingo, Hoy sábado, Domingo a domingo, 24 horas, Contrapunto, Somos, ECO, ECO-*Entrevistas* y *El noticiero* (Cablevisión).

Entrevistados: Octavio Paz, Salvador Dalí, Mario Moreno *Cantinflas*, Ernesto Guevara, Pablo Casals, Juan Pablo II, Henry Gates Tercero (Bill Gates), Anthony Quinn, Fulgencio Batista, Yasser Arafat, Diego Armando Maradonna, los Estefan, Mijaíl Gorbachov, Hugo Sánchez, Michael Jackson y los Jackson Five, Jimmy Carter, Julio Iglesias, Kirk Douglas, Lázaro Cárdenas, Libertad Lamarque, María Félix, Mauricio Garcés, Hugo Chávez, Pablo Neruda, Pedro Vargas, Pelé, Ronald Reagan, Silverio Pérez, David Alfaro Siqueiros, José Luis Cuevas, Sylvester Stallone, Paco de Lucía, Plácido Domingo, Rocío Dúrcal, Fidel Castro, Raphael, Mario Vargas Llosa, Yuri Gagarin, Rufino Tamayo, Michael Douglas, entre otros.

Libros: *La conquista del espacio* (1962), *La libertad y la responsabilidad en la radio y la televisión mexicana, Charlas con pintores* (1966), *Siqueiros me dijo* (1974) y *En el aire y cinco días de agosto* (en coautoría con Jesús Hermida).

Tenía que decidirme, lo hice y no me arrepiento. Decidí ser reportera, el mejor oficio del mundo. Estudié periodismo, me gustó y hoy es mi pasión. Me gusta escribir, aunque como dice Jacobo Zabludovsky: "Más que escribir con dos o tres dedos, me gustaría escribir con la cabeza". Como siempre, tiene razón. De él trataré de escribir y recordar ahora. Me dijeron que lo mejor era comenzar desde abajo, conociendo todo, conociendo a todos. Así entré a Televisa, mi casa desde hace 20 años. En mi mente estaba ser reportera, y reportera de *24 Horas*. Durante años luché por conseguirlo, desde cualquier trinchera: información general, cultura, investigación, espectáculos. En aquellos años él ni siquiera imaginaba quién era yo. Por supuesto, yo sí sabía quién era él, por quien crecía mi admiración y respeto. Me preguntaba: ¿cuándo?, ¿cuándo? Sólo esperaba la oportunidad y estaba a la caza. Y por fin se dio. Fue la oportunidad de mi vida como reportera. Los términos: seguir en mi trabajo o la calle. Si antes no fallé, menos ahora. No podía fallar, y creo que hasta hoy no le he fallado.

Sin saberlo, Jacobo Zabludovsky me enseñó disciplina, lealtad y amor por el oficio; me enseñó que la suerte no viene a uno: tenemos que salir a buscarla todos los días antes de que aparezca el sol. Me enseñó a borrar del vocabulario periodístico la palabra NO. Me enseñó con su ejemplo a ser reportera. Me enseñó que ninguna desgracia debe detener el trabajo. Me enseñó que del otro lado de la barda también sale el sol.

En una encuesta reciente se preguntaba a los navegantes de internet qué personajes les gustaría que regresaran a la televisión. Entre otros nombres, todos familiares, me encontré con el de Jacobo Zabludovsky, y leerlo me produjo nostalgia.

Me recordó la ocasión en que el "Licenciado", como nos dirigíamos a él, frente a un micrófono dijo que lo que más extrañaba de la empresa era a sus compañeros. Nosotros lo extrañamos también.

Su ausencia en los pasillos de Televisa se siente. No había día que no lo encontráramos sin el saco del traje, con un suéter o con guayabera encima de su camisa (según el clima), transitando por Noticieros, saludando, haciendo bromas o preguntando a los reporteros sobre su nota.

Siempre traía un lápiz en la mano; casi nunca usó pluma para firmar las notas, que corregía personalmente.

El trato con él era directo; su celular, disponible para cualquier consulta las 24 horas del día y su puerta siempre abierta. Si estaba cerrada, era durante su clase de inglés, de siete a ocho de la mañana.

Lupita y Lolita Garnica, sus secretarias, sus confidentes, sus amigas, le hablaban de tú; ellas nunca fueron un muro entre los reporteros y el "Lic", al contrario. Siempre que queríamos hacerle una consulta pasábamos directo. Si bien, por educación, siempre preguntábamos: "¿Puedo?"

Su oficina en Televisa tenía en la pared central una de las fotografías que han dado la vuelta al mundo, tomada por el norteamericano Robert Capa padre, durante la Guerra Civil española en 1936. Es su preferida. Había también otras que le traían buenos recuerdos.

Por lo regular, siempre había alguien con él: reporteros, amigos, ejecutivos; Sarita, su compañera de toda la vida, tejiendo o leyendo, o sus nietos, su adoración, a quienes les compraba dulces o les "daba permiso" de jugar a los carritos en el piso.

Jacobo, como también le decíamos cuando no nos escuchaba, es muy cariñoso, muy niñero, le encantan los niños.

Muy pocos saben que Jacobo Zabludovsky es padrino del hijo del Vaguen, un hombre modesto que sació el hambre, los antojos y la sed de varias generaciones en Televisa. J. Z., como también lo llamábamos, lo bautizó, y afortunadamente le cambió el nombre. Hoy Juan Carlos, su ahijado, le debe estar agradecido.

Su gusto por el tango, por Carlos Gardel, las grandes personalidades, la pintura, la lectura, la poesía, los toros, pero sobre todo por el periodismo, siempre se hizo evidente. Su memoria es infalible, su disciplina férrea y su carácter inquebrantable.

Es un magnífico conversador y de su humor ni hablamos, es ocurrente y muy bromista. No fuma, pero disfruta una taza de café, un caballito de tequila o una copa de buen vino, sobre todo si se trata de estar con Diana, Jorge y Abraham, sus hijos, siempre cerca de su familia.

JZ: Mira, cuando yo llevaba a mi papá a vender trapos en la Merced, se vendían por kilo, y lo primero que me enseñó es que cada kilo tiene 1 000 gramos, no 998 ni 999... 1 000 y eso es lo que yo he tratado de inculcar a mis hijos, esa enseñanza; si aprendieron eso, es suficiente...

Jacobo Zabludovsky es un hombre impecable; su corbata negra, y sólo negra, es distintiva. Él sabe por qué. De estirpe espigada, siempre bien peinado y con zapatos relucientes. Le gusta caminar largas distancias; me imagino que de ahí viene su buena condición. Y a pesar del cáncer que lo aquejó, sigue adelante, siempre adelante.

JZ: Yo tuve cáncer, de distintos tipos... Bueno, el de la mama es malísimo; no hay cáncer bueno, ninguno es bueno, nada más que hay unos más agresivos, más rápidos, más destructores, que producen más metástasis, o sea, reaparecen con frecuencia en otras partes del cuerpo. El que tuve se llamaba carcinoma; luego el melanoma, que me ha reaparecido con frecuencia. El último, hace como año y medio, requirió una cirugía plástica bastante bien hecha, porque me jalaron de acá de la patilla para tapar el hoyo. Luego tuve cáncer de próstata, que es una cirugía muy delicada. Total, para no hacerte el cuento largo, ya no tengo cáncer y ahora lo que hago por orden médica y porque sé que lo debo hacer, son exámenes periódicos muy cortos, cada cuatro meses, en que me revisan por dentro y por fuera para ver si reapareció el cáncer, lo cual es muy posible. Pero lo importante es detectarlo en las primeras etapas: mientras más pronto lo detectes, más posibilidades tienes de derrotarlo. Si te haces guaje y dices: "Ay, es una manchita:, el cáncer te gana. Los panteones están llenos de gente que dice: "Ay, a mí no me pasa nada". Así que ahorita estoy tan sano como cualquier otra persona que no haya tenido cáncer en su vida, nada más que me tengo que cuidar...

J. Z. es uno de los hombres más sencillos que he conocido. Su oficina actual, ubicada al norte de la ciudad de México, es una biblioteca. Tiene más de 3 000 libros acomodados por fecha, tema, autor. Es una maravilla. Bueno, con decir que tiene libros hasta en su baño personal.

Su oficina es austera. Como hombre actual, tiene su computadora, sus periódicos, tres televisores sintonizados con distintos noticieros en inglés y en español, sus lápices, teléfono, una taza de café por las mañanas, y su inseparable agenda negra. Nada más sobre su escritorio.

JZ: Sí, aquí la tengo, no me separo de ella y no la sustituyo. Mira esto, cada año quito y pongo, esto casi parece el repertorio del panteón civil. Todos estos cuates ya chuparon faros; mira nomás, todavía creo que tengo aquí teléfonos de cinco cifras —se ríe—. Mira, y aquí pongo, agrego, aquí están los teléfonos de Plácido Domingo y de Martha, su esposa. Entonces, aquí tengo mis teléfonos. Claro que en el teléfono ya tengo también una forma rápida, alfabéticamente, de buscarlos. También de restaurantes, cantinas, como debe ser, aquí están, para hacer reservaciones. La parte de la guía telefónica yo creo que tiene 35 o 40 años. Ya se desgastaron las letras, mira; entonces, lo que sustituyo es el calendario del año, y esto se pega aquí con un diúrex...

He tenido oportunidad de convivir con él fuera del ámbito laboral. En una ocasión coincidí con él y su esposa Sarita en un restaurante muy famoso de comida mexicana, Arroyo, al sur de la ciudad de México. La pareja comió tacos de carnitas, sopes, barbacoa, chinicuiles, mole y demás antojitos, todo con mucho picante y acompañado con una cerveza fría y con muchas, demasiadas interrupciones del público, que le pedía un autógrafo o una fotografía. Y él, amable por demás, levantándose a cada momento con una gran sonrisa para sus seguidores, que a decir verdad son muchos, para no estar en televisión desde hace años. Sin temor a equivocarme, a esta celebridad no le hace falta pantalla chica: con o sin ella, es Jacobo Zabludovsky.

Asimismo, tuve la fortuna de trabajar con él desde 1988 en Noticieros. Para él hacía notas, reportajes, enlaces, le concertaba entrevistas con artistas, escribía guías de preguntas para sus entrevistados, en fin, lo que se presentara.

De J. Z. tengo muchas lecciones y experiencias maravillosas. Cuando Luciano Pavarotti vino a México, en concreto para el programa *Voces en Chichén Itzá*, sólo concedió una entrevista y fue, evidentemente, para Jacobo Zabludosvky. A mí me tocó coordinarla en Televisa y estar en contacto con la gente de producción en Yucatán. El encuentro vía satélite estaba pactado a las tres de la tarde. ¡Y tanto Luciano Pavarotti como Jacobo Zabludovsky estuvieron listos a las 2:45 de la tarde! No cabe duda, la puntualidad es prerrogativa de los grandes. Se probó la comunicación y estaba perfecta. Luciano preguntó cómo se llamaba su entrevistador, y cuando le informaron "Jacobo Zabludovsky, el periodista más importante de México", el tenor italiano dijo: "Ah, Jacobo, un nombre muy común en México". Luciano no sabía que lo estábamos escuchando. Entre broma y broma, el Lic. dijo: "Ahora sí me las pagas, *Pavorotti*", y sonrió. Inició la entrevista y una de las preguntas fue: "¿Y cuál es la dieta que lleva para conservarse?" Todos en el estudio soltamos tremenda carcajada.

Después vino Antonio Banderas a México y el licenciado me encargó entrevistarlo. Me dijo: "No regreses si no traes la entrevista".* Luego de todas las peripecias que pasé para cumplir, se acercó a mi lugar al día siguiente: "Marita, hombre, te hubiera llevado tus cigarritos a la cárcel, ya te estaban corriendo del hotel... pero, bueno, ahora quiero un enlace con él".

¡Madre santa! Lo de Banderas no había sido nada fácil, pero como el simple nombre de Jacobo Zabludovsky abría cualquier puerta, me lo dieron con el actor español y su esposa. Luego me llamó a su oficina para darme instrucciones.

—Mara, necesito que te pongas un audífono; yo voy a entrevistar a Banderas, y como mi inglés no es muy bueno, te doy pauta para que entrevistes a Melanie y me regresas el micrófono.

—Perfecto, licenciado, así lo haremos.

Me quedé con ganas de responder que mi inglés tampoco era tan bueno, pero a él menos que a nadie se lo podía decir. J. Z. es un compañero extraordinario en el plano laboral. Trabajar con él es un aprendizaje continuo.

---

*Entrevista incluida en este libro.

Cuando volví a ver a Jacobo Zabludovsky tras su triste salida de Televisa, me sentí nerviosa al entrevistarlo. Imaginarme frente a él, ahora como reportera, francamente me angustiaba. Pero pude entrevistarlo. Tocamos diferentes temas, los espectáculos ahora, el periodismo actual, sus inicios, en fin asuntos en los que siempre ha sido un maestro.

JZ: En la despedida del programa sólo dije: "Hoy termina *24 Horas*". Eso fue todo lo que dije; no hubo rasgarse las vestiduras ni grandes rollos de gracias por todos los años, ni etcétera, ni etcétera. Tampoco espero que la vida nos vuelva a juntar —ríe—; las letras de los boleros se quedaron atrás. Para mí es otro episodio de mi vida; ya había tenido muchos programas, algunos fracasaron, otros tuvieron cierta aceptación del público. Yo abrí la televisión mañanera en México...

De Jacobo Zabludovsky me quedaron muchas cosas que se aplican en la vida diaria, pero hubo una frase que jamás olvidaré. Se la dijo a un ex compañero de nosotros: "Tendrás la suerte que mereces".

JZ: Te quiero agradecer, Mara, que hayas tenido la deferencia de venir aquí, a este que es mi lugar de trabajo, para despertar algunas nostalgias, recordar algunas presencias y reiterar que a cualquier altura de la vida, al principio, a la mitad o al final, haz lo que te guste hacer. Y si te gusta tu trabajo no lo dejes nunca, es lo que yo estoy haciendo, pero como no estoy para dar consejos, pues muchas gracias...

MP: Gracias, licenciado, gracias por todo.

Primero está el respeto a la vida que el ganar una noticia. Todos los medios de información en el mundo tienen un código de ética que debe respetarse y entender también que un artista es una persona vulnerable a cualquier ataque, sin más culpa que ser famoso...

JACOBO ZABLUDOVSKY

Antonio Banderas

*"México es mi lengua, me reconozco mucho, la arqui-
tectura, el arte, incluso el arte popular mexicano, me
gusta mucho el pueblo de México, me gusta mucho
la gente, sobre todo las mujeres, son muy dulces, y la
gente rural, que es muy buena..."*

Ficha técnica

Nombre real: José Antonio Domínguez Banderas.

Lugar de nacimiento: Málaga, España.

Fecha de nacimiento: 10 de agosto de 1960.

Matrimonio: Ana Leza, actriz (divorciados, 1988-1996).

Actual pareja: Melanie Griffith, actriz norteamericana (juntos desde 1996).

Hija: Stella del Carmen (1996).

Profesiones: Futbolista, actor, productor, director y empresario.

Dificultades: Melanie Griffith tiene un largo historial de adicción a las drogas y el alcohol. Antonio Banderas siempre ha estado con ella, apoyándola en los tratamientos de recuperación. Sin embargo, le ha dicho que si no lo supera del todo, el matrimonio podría terminar.

El 2 de febrero de 2008 falleció don José Domínguez Prieto, su padre, a la edad de 87 años en Marbella, después de una larga enfermedad.

Debut: Bajo la dirección de Pedro Almodóvar, en la película *Laberinto de pasiones* (1982); en Hollywood en 1992, con el filme *Los Reyes del Mambo*.

Idiomas: Inglés, español e italiano.

Películas: Más de 51, entre las que destacan: *La casa de los espíritus* (1993), *Philadelphia* (1994, interpreta a un homosexual, pareja de Tom Hanks), *Entrevista con el vampiro* (1994, junto a Brad Pitt y Tom Cruise), *Asesinos* (1995, con Sylvester Stallone y Juliane Moore), *Two Much* (1996, donde conoció a su actual pareja, Melanie Griffith), *Evita* (1996, con Madonna, donde interpreta un papel musical con difíciles canciones), *La máscara del Zorro* (1998, con Catherine Zeta-Jones y Anthony Hopkins), *Pecado original* (2001, con Angelina Jolie), *Frida* (2002), *Érase una vez en México* (2003, al lado de Salma Hayek), *Shrek 2* (2003, como la voz del Gato con Botas) y *La leyenda del Zorro* (2005).

En 1996 las palabras de Jacobo Zabludovsky, mi jefe en aquel tiempo, fueron: "No regreses si no traes la entrevista..." Antonio Banderas estaba en México; había llegado por primera vez a nuestro país para filmar anuncios de una nueva bebida que, al parecer, se pondría de moda: las "Cubanderas", las de la pizca de sal.

Me fui a un hotel de Polanco; ahí estaba un equipo de espectáculos y habían investigado en qué habitaciones se encontraban Antonio Banderas; su esposa, Melanie Griffith; Stella del Carmen, su hija recién nacida, y Dakota, hija de Melanie y el actor Don Johnson. Sin que nadie me preguntara nada, subí al piso 40 con el camarógrafo. Tocamos la puerta, se abrió, nos vieron y tremendo fue el portazo. Luego vinieron la seguridad del hotel y la asignada a ellos, pidiéndonos que abandonáramos las instalaciones.

Sentados en el estacionamiento nos dieron las nueve de la noche. Habían pasado cinco horas. Los jóvenes del *valet parking* nos veían con pena ajena. Uno de ellos se acercó y nos dijo: "Antonio Banderas no está en el hotel, salió en una camioneta Silverado de color gris". Minutos después apareció ahí, en el estacionamiento, el gerente del hotel. Corrí y le dije de dónde veníamos y qué deseábamos. El hombre me respondió en inglés. Ya se pueden imaginar lo que pensé; un gerente siempre debe hablar el idioma del país en que está, pero, bueno. En inglés le hice la petición y le entregué mi tarjeta. No pasó nada.

Una hora más tarde y sin que me vieran los de seguridad, regresé al piso 40. En mi cabeza daba vueltas la voz de Jacobo Zabludovsky: "No regreses si no traes la entrevista..." El camarógrafo y el asistente se quedaron afuera. Ya en el recibidor me quedé platicando con una compañera del equipo y también hice una llamada en el celular. Aproximadamente a las diez de la noche se abrieron las puertas del elevador y apareció... ¡Antonio Banderas! Pero en compañía de un elemento de seguridad, que para mi fortuna era mexicano. El actor español nos vio, nos saludó y se perdió en el pasillo. Corrí tras el escolta, lo detuve y le expliqué que venía de la oficina del licenciado Zabludovsky y, que si no me daba la entrevista de plano me corrían. Me pidió mi teléfono y me dijo:

—¿Tienes la cámara aquí?

—¡Sí, aquí abajo!

—Espérame un segundo; regreso.

Volvió y me pidió que subiera mi cámara. "Ya no me van a correr", me dije. Bajé por los muchachos y corrimos al elevador; detrás de nosotros, la seguridad del hotel. Sofocados me decían que ya lo tenían grabado, que ya teníamos la nota. Les dije que también teníamos la entrevista.

Regresamos al piso 40 y el guardaespaldas, no recuerdo su nombre, fue por él. Vimos salir a Banderas de su habitación y caminar por el largo y medio oscuro pasillo. Así fue mi primera charla con Antonio Banderas, y aquí sigo, trabajando.

Debo decir que el famoso guardaespaldas que me contactó con Antonio Banderas no dejó de llamar para invitarme a "tomar un café"; no sé si se quería cobrar el favor. Lo que sé es que nunca acepté salir con aquel hombre mayor que me ayudó a no regresar sin la entrevista.

Han pasado 13 años. Hubo entrevistas subsecuentes en México y en el extranjero. Eso sí, fueron más fáciles de conseguir, ni qué decir.

Consecuencia de aquella tarjeta que le dejé al gerente del hotel de Polanco, surgió un intento de regaño, puesto que evadí la seguridad, entré al hotel, subí al piso 40 y hasta obtuve la entrevista. La compañía que trajo a Antonio Banderas habló a Televisa para pedir una explicación, y tras aclarar las cosas solicité y conseguí un enlace en vivo con Antonio Banderas y Melanie Griffith para *24 Horas* con el licenciado Zabludovsky.

Antonio Banderas y yo platicamos años más tarde en el rancho de los hermanos Arruza, en Lerma, Estado de México, sobre el rumor de que se le estaba cayendo el cabello cuando filmaba la película *El Zorro* con Catherine Zeta-Jones.

Después lo vi en una conferencia de prensa y lo entrevisté cuando filmó la cinta *Pecado original* en el estado de Guanajuato, con Angelina Jolie.

En marzo de 2009 me encontré de nuevo con el también director español en Los Ángeles, California. Hablamos de la séptima loción avalada con su nombre: Blue Seduction, para hombre y mujer. Los beneficios económicos, como acostumbra, son para diferentes causas internacionales.

AB: En 93 países, que es donde hemos estado vendiendo, cada vez va creciendo, no solamente en número de países sino en las ventas que se producen en esos países. Para mí es muy importante también reflejar algo fundamental y fue una imposición que yo hice sobre contrato cuando comenzamos nuestro trabajo juntos, hace ya bastantes años, como te indicaba antes, y es que debe estar ligado siempre a obras de tipo social. Nosotros hemos venido colaborando con muchísimas entidades en todo el mundo, como UNICEF. Es probable que hagamos el Festival de Cine Español en Málaga, en mi tierra; no este año, pero en años posteriores se va a hacer, y en ese tiempo, dentro de todas las celebraciones de Semana Santa. Yo pertenezco a una cofradía en Semana Santa con los niños de mi barrio, ahí en Málaga, y tenemos un grupo social dentro de la cofradía, que trabaja con diferentes actos sociales. Nosotros nos vamos a dedicar a crear becas para gente que no puede pagar sus estudios, le pagamos las carreras universitarias. Es crucial; yo no entraría en un negocio, no lo haría si no tuviera un reflejo de ese tipo...

Los tres medios que viajamos para esta entrevista fuimos hospedados en el mismo hotel. Increíble, pero Antonio Banderas llegó hasta ahí con la puntualidad que caracteriza a una estrella. Iba solamente con su chofer, en una camioneta negra de vidrios polarizados.

Me tocó el primer turno. Nos instalamos desde las 9:30 de la mañana, una hora antes de lo pactado. Mi compañero camarógrafo organizó un set. De acuerdo con las fotografías de promoción de su loción y perfume, dedujimos su mejor lado, el amable, que es el derecho.

A las 10:30 de la mañana Antonio Banderas cruzó la puerta de la habitación; iba vestido con pantalón de mezclilla azul, camisa roja y botas vaqueras de gamuza color zanahoria. Lucía el cabello muy corto y su rostro reflejaba sus 48 años y la experiencia de quien en su momento tuvo que luchar por ganar un espacio para los españoles en Hollywood, donde vive hoy al lado de su familia.

AB: Me da mucho gusto conocerte y gracias por venir aquí —me habló de tú sin preámbulos.

MP: Al contrario, gracias a ti por haberme salvado de perder el trabajo hace algunos años...

AB: ¿Yo te ayudé? ¿De verdad fui yo?

MP: Sí, fuiste tú.

AB: ¡Qué maravilla que te pude ayudar y sin saberlo! —y sonrió con cierta pena.

Así comenzó una charla improvisada previa a la grabación. Habló de la inseguridad en México, del futbol, de la gente, de la comida y más. Encendida la cámara, platicamos durante media hora.

AB: He tenido tiempo de conocer a gente; también te comentaba antes que en los rodajes eran todas las clases sociales, desde los productores hasta los electricistas o carpinteros que están trabajando en todo lo que hay en medio. Por lo tanto, te da un cuadro bastante específico de lo que es la relación, de estar trabajando en esos lugares, en otros países que he estado. En México reconozco mucho lo que es la arquitectura, el arte, incluso el arte popular mexicano; me gusta mucho el pueblo de México, me gusta mucho la gente, sobre todo las mujeres y sobre todo la gente rural, que es gente muy buena, y espero que eso no haya acabado. De hecho hay un proyecto que, si Dios quiere, vamos a realizar con un director mexicano que es Mandoki, basado en una novela, que probablemente hagamos en México y que probablemente se haga durante este año. No sé si será durante el verano, no sé si en otoño, pero volver a México siempre es grato...

Antonio Banderas, que habla español, inglés e italiano, sigue siendo el mismo. Humilde de corazón. Hombre hogareño, enamorado de su familia y feliz.

AB: Melanie y yo somos muy sencillos; tenemos a Dakota, que ya tiene 21 años. Está modelando, es modelo para marcas internacionales; está trabajando en España. Stella no, yo creo que no; Stella ha visto las grandezas, y las miserias también, de esta profesión, la miseria para ella es el tiempo que se va papá y no aparece durante tres meses, y eso a ella como que no le gusta, y ella no creo que se quiera someter. Le gusta actuar, lo hace en la escuela, pero lo hace a nivel *amateur*, no creo que ella tenga el gusanillo. A mí me parece que va a optar por la literatura, es una niña con 12 años que lee. Stella no sale de 20 libros, pero libros, libros; no libros para niños solamente, se agarra ya temas más profundos, y le gusta mucho escribir, escribe redacciones muy bonitas, y lo hace bien. Yo creo que ella se va a determinar más por ese mundo que por el mundo de la actuación, es un mundo más íntimo, no necesitas de muchas personas para producir tu arte. Aquí en el mundo del cine, cada vez que te quieres expresar necesitas a 150 personas mínimo alrededor. Como escritor te pones debajo de un árbol con un papel y un bolígrafo y se acabó, como los pintores, yo los envidio, y a los escritores yo los envidio, por la facilidad, por el acceso tan inmediato que tienen para desarrollar su arte.

Nada de exigencias, ni poses, ni peticiones especiales; no revisó el tiro de cámara, ni la luz, ni el lugar donde se sentó. La grabación tuvo que detenerse debido al zumbido de una máquina del hotel. Entonces Banderas sacó su parte creativa de productor; le dijo al camarógrafo cómo se podía solucionar el problema en posproducción. Al terminar la entrevista desayunó en el restaurante del hotel un par de huevos revueltos, jugo de naranja y café, y continuó trabajando.

AB: Yo creo en lo esencial... Lo digo casi con la misma ilusión y de la misma manera en que lo decía cuando tenía 15 años y vivía en Málaga y andaba por los barrios y en un camión en los pueblos interpretábamos a Calderón de la Barca. Eso sigue exactamente igual, pero el día que eso se muera, se habrá acabado todo. No sé si regresaría a vivir a Málaga; desde luego, lo que sí he hecho es establecer un punto de contacto con mi productora, que produjimos una película de animación en España este año. Tenemos también un departamento que produce cine de jóvenes que no han hecho cine todavía aquí, y es que producimos películas de todo, son las tres patas que tiene la mesa en Málaga, y luego así se desarrolla. Por tanto, uno tiene el contacto ahora, y viajo seguido en Semana Santa y yo participo en la celebración de las tradiciones allá...

Antonio Banderas es un hombre enamorado de México; ha hecho siete películas aquí y ha pasado tres años de su vida trabajando en diferentes estados de la República mexicana. Fue un privilegio entrevistarlo nuevamente y darme cuenta de que a pesar del éxito, del triunfo, sigue conservando en el alma a José Antonio Domínguez Banderas.

Tuve la ocasión de conocer a Silvia Pinal, la conocí en el Encuentro del Primer Congreso de Cultura Panamericana que se celebró en la ciudad de México el año pasado, y me encantó poder hacerme unas cuantas fotos con ella. Porque yo la recordaba, por ejemplo, bellísima, súper sexy, audaz, en aquellas películas surrealistas que hacía Luis Buñuel...

ANTONIO BANDERAS

Luis Miguel

Ficha técnica

Nombre real: Luis Miguel Gallego Basteri.

Lugar de nacimiento: San Juan, Puerto Rico (nacionalizado mexicano).

Fecha de nacimiento: 19 de abril de 1970.

Padres: Luis Gallego Sánchez (Luisito Rey) y Marcela Basteri.

Hermanos: Alejandro y Sergio Gallego Basteri.

Hija: Michelle Salas (1989, fruto de una relación con la actriz mexicana Stephanie Salas).

Pareja actual: ¿Araceli Arámbula Jacques, actriz mexicana (juntos desde 2006)?

Hijos: Miguel (2007) y Daniel (2008).

Profesión: Cantante.

Dificultades: **En 1986 desaparece su madre, Marcela Basteri, de quien hasta la fecha no se tienen noticias: no se sabe si está muerta o sigue viva.**

En 1992 sufre la muerte de su padre, Luis Rey.

En 2007, después de años de duda, reconoció ser padre de Michelle Salas, hija que procreó con Stephanie Salas, tras solicitar una prueba de paternidad que resultó positiva.

Debut: **Como cantante, en la boda de la hija del entonces presidente de México, José López Portillo, en 1981. En 1982 graba su primer álbum a los 12 años, titulado *1+1=2 enamorados*.**

Primeros éxitos: **"1+1=2 enamorados" (1982) y "Me gustas tal como eres" (1985), a dúo con Sheena Easton.**

Discos: **Veintinueve producciones discográficas; la más reciente: *No culpes a la noche* (2009), que es una recopilación de sus temas más exitosos en versión bailable.**

Idiomas: **Ha cantado en italiano, inglés y español.**

Duetos: **Sheena Easton, Frank Sinatra, Lucero.**

*Películas: **Ya nunca más** (1982), **Fiebre de amor** (1984).*

En toda mi carrera no he encontrado un artista que se resista tanto a las entrevistas como Luis Miguel. Varias han sido las ocasiones en las que he solicitado un encuentro con él. La respuesta siempre ha sido negativa. Quienes lo conocen aseguran que el cantante es inseguro para responder y prefiere evitarlas. Otros piensan que no necesita tener reuniones con los medios de comunicación. Y algunos más opinan que no tiene nada que decir.

Sin embargo, hay grandes figuras como Andrea Bocelli, Plácido Domingo, Salma Hayek, Luciano Pavarotti o Antonio Banderas, por mencionar algunos, que dan entrevistas cuando tienen alguna película o disco en puerta, y no entiendo que Luis Miguel no lo necesite.

A pesar de todo, lo entrevisté en 1981. Fue en el marco del Primer Festival Acapulco, producido por don Raúl Velasco, cuando me encontré con él por primera vez. La entrevista era para radio. Juan Calderón, mi querido "Gallo", me envió al puerto guerrerense para cubrir las actividades del festival y entrevistar a las estrellas participantes.

En aquel tiempo el representante de Luis Miguel era el bien recordado Hugo López (q.e.p.d.), un hombre respetable y muy querido por quienes lo conocimos. A mí me lo presentó *el Gallo* Calderón, amigo también de la esposa del argentino, Lucía Miranda, quien tenía una sección de moda en el segmento de Juan Calderón para ECO. Incluso Lucía Miranda me prestaba ropa porque yo no tenía recursos ni vestuario para asistir a festivales o entrevistas. Así que teníamos una buena relación.

Las cabinas de radio y los camerinos de los artistas estaban instalados en el Centro de Convenciones, donde se llevaba a cabo la reunión nocturna, la más importante de la jornada. El festival duraba una semana completa.

El primer día de trabajo, lunes, yo estaba en la cabina de radio y con el equipo de producción que me correspondía. En algunas ocasiones me tocaba buscar a los artistas; en otras, una chica de producción me los llevaba para entrevistarlos, o bien, con el equipo portátil íbamos a un camerino. La cuestión es que la joven del equipo llegó corriendo a decirnos que tanto Lucero como Luis Miguel estaban en sus camerinos. Entonces nos apresuramos los técnicos y yo. Con la grabadora portátil nos fuimos caminando rápidamente hacia los camerinos de los dos, que estaban juntos.

Resulta que toda la prensa estaba afuera del camerino de Luis Miguel, como si fueran fanáticos. Realmente me sorprendí, porque era la primera vez que cubría un acontecimiento de tal magnitud. Me quedé atrás de toda la gente que estaba arremolinada, entre pisotones, empujones y de todo.

En eso se abrió un poco la puerta blanca que tenía una estrella con el nombre de Luis Miguel y apareció Hugo López, muy sonriente como siempre, diciendo: "Un momento, ahora los atiende a todos", y yo levanté la mano. Corrí con la suerte de que Hugo me viera. Me hizo la señal de "acércate". Jalé al técnico de producción y nos metimos entre toda la gente para llegar hasta la puerta, que se volvió a cerrar, no en mis narices, pero casi.

Se volvió a abrir la puerta y el brazo del representante me jaló literalmente para meterme al camerino, evitando que alguien más entrara. El técnico se quedó afuera; se lo dije a Hugo y volvió a abrir para meterlo. De repente escuché un "hola"... era Luis Miguel.

El muchacho estaba recargado en el tocador con focos alrededor del espejo; llevaba una camiseta blanca entallada que hacía lucir más su eterno bronceado. Recuerdo que sus dientes eran tan blancos como su playera. Vestía pantalón de mezclilla y zapatos sin calcetines. No es muy alto, pero sí delgado. "¿Cómo estás, Luis?", le dije. Hugo López nos presentó y me saludó con un beso. "Vengo del programa de radio de Juan Calderón, ¿me das una entrevista?" "Claro", respondió. El técnico prendió la grabadora, me dio el micrófono y comenzó una entrevista de lo más informal y agradable. Me pareció tan simpático y amable, que hoy no lo ubico en la posición que está; pero bueno.

De toda la entrevista lo que recuerdo son los saludos que le mandó al Gallo y lo que me contó cuando le pregunté que cuánto hacía que no iba al cine. Me dijo que la última vez había sido en Argentina y que había entrado disfrazado: si no lo hacía de esa manera no podía hacer nada de lo que se conoce como normal. También me dijo que a algunos de sus conciertos entraba en las cajas del equipo para que nadie lo viera. Lo demás de la entrevista fue sobre la música y el festival.

Nos despedimos en aquella ocasión como si nos conociéramos de mucho tiempo. Debo decir que Hugo López estuvo siempre pendiente, como lo estuvo mientras trabajaron juntos. Yo creo que por eso Luis Miguel era otro, más aterrizado, más sencillo, más accesible, gracias a Hugo López.

No hace mucho lo volví a ver en la oficina de don Jacobo Zabludovsky, que le presentó el disco *México en la piel*. Para corresponder a la atención, Luis Miguel visitó a J. Z. en su programa de radio, y ahí lo fui a buscar para solicitarle una entrevista. Llegué con el camarógrafo antes, para esperarlo. Apareció en medio del silencio, con un discreto equipo de seguridad y por las mismas puertas de acceso de los empleados. Iba vestido con traje negro y camisa blanca sin corbata, bien peinado y bronceado como siempre. Saludó al licenciado Zabludosvky con cariño evidente, como si estuviera abrazando a su padre; por lo menos así me pareció.

Entró a la cabina para la entrevista. En ese tiempo era novio de Myrka Dellanos, la conductora cubana radicada en Miami, Florida, y casi no hablaba de ella. La cámara se encendió para grabar y los guardias de Luis Miguel intentaron impedirlo, pero de cualquier forma logramos captarlo. Al salir de la entrevista me acerqué. Me saludó y me dijo que con mucho gusto me daba la entrevista para *Tras la verdad*, el programa de Televisa Espectáculos, y se despidió. Sigo esperando la entrevista.

Seguiré haciendo méritos. Ojala algún día se anime a darme una entrevista para televisión. Voy a esperar.

Aracely Arámbula

"Yo respeto una trayectoria, hay gente que respeto muchísimo porque es un gran artista y estoy muy orgullosa de él; si ha manejando su carrera de una manera, yo no tengo por qué cambiarlo..."

Ficha técnica

Nombre real: Aracely Arámbula Jacques.

Lugar de nacimiento: Chihuahua, Chihuahua.

Fecha de nacimiento: 6 de marzo de 1975.

Hermanos: Leonardo Arámbula Jacques.

Pareja actual: ¿Luis Miguel, cantante (juntos desde 2006)?

Hijos: Miguel (2007) y Daniel (2008).

Profesiones: Actriz, modelo, conductora de televisión y cantante.

Dificultades: La telenovela *Las vías del amor* (2003) le trajo consecuencias a la actriz debido al exceso de trabajo. Las constantes faltas a sus llamados la hicieron merecedora de una multa de 290 000 pesos y una visita al hospital que derivó en una gastroenteritis.

Debut: En 1996, nombrada "Rostro del *Heraldo de México*".

Inicios: En la telenovela *Prisionera de amor* (1994), pero es en *Cañaveral de pasiones* (1996) donde se da a conocer.

Telenovelas: *Prisionera de amor* (1994), *Acapulco, cuerpo y alma* (1995), *Canción de amor* (1996), *Cañaveral de pasiones* (1996), *Mujer, casos de la vida real, Pueblo chico, infierno grande* (1997), *El alma no tiene color* (1997), *Rencor apasionado* (1998), *Soñadoras* (1998), *Alma rebelde* (1999), *Abrázame muy fuerte* (2000), *Las vías del amor* (2003) y *Corazón salvaje* (2009).

Programas: *¡Viva la familia!... Todo bebé* (2008).

Teatro: *Muchachos de Nueva York* (1997), *Hermanos de sangre* (1998) y *Coqueluche* (2001).

Discos: *Blah, blah, blah* (1999), *Sólo tuya* (2003), *Sexy* (2005).

Estábamos varios amigos alrededor de una mesa en uno de esos restaurantes que abren 24 horas al día durante todo el año, lugares que no acostumbro visitar, pero por Juan José Origel voy hasta la selva. Pepillo era el anfitrión, y entre otros rostros conocidos estaba el de una mujer de expresivos ojos verdes, con cabello teñido de rojo, sencilla y amable. Estaba sentada a mi lado y comenzamos con una charla que poco a poco se convirtió en una plática de cómplices. Nada especial, cuestión de mujeres.

Fueron varias horas, y al momento de despedirnos jamás imaginamos que, años después, nos volveríamos a encontrar pero en otras circunstancias. Ella como pareja y madre de los hijos de uno de los hombres más codiciados, y yo, como la elegida para entrevistarla sobre ese y otros temas. ¿Quién lo diría?

Sorpresivamente recibí la llamada del programa *Todo bebé*, que se produce en Los Ángeles, California. Esto fue en respuesta a la solicitud hecha más de dos años antes. La voz femenina me dijo que Aracely Arámbula me concedería una entrevista con su equipo y que me avisarían día y lugar. Pregunté si podía hablar de todo con ella y contestaron que para mí no habría restricciones.

Días después, entré en la oficina de *Todo bebé* y Leonardo Arámbula, su hermano, me confirmó los datos del encuentro. Así que volé a Los Ángeles, California, un jueves y regresé el viernes. Un viaje relámpago que me dejó satisfecha profesional y personalmente hablando, llena de ternura por percibir el amor de una mujer por su pareja y sus hijos.

Llegué a medio día a Los Ángeles, California, el jueves 16 de octubre de 2008. Me instalé en el hotel y esperé el llamado. A las seis de la tarde fue la cita en el *lobby* y me llevaron a unos estudios privados que se rentan para producciones independientes, como es el caso de *Viva la familia* y de *Todo bebé*.

Cuando llegué, Cepillín estaba grabando el número de "En el bosque de la China" y Aracely Arámbula se perdió entre la escenografía para cambiarse y continuar con el programa. Leonardo, su hermano, amablemente me saludó y me presentó con su padre y con el personal de producción. Me senté con los familiares de Cepillín, a quienes por cierto les manifesté mi admiración y cariño por los recuerdos de infancia.

Aracely apareció, se acercó a saludarme y me dijo con una sonrisa pícara: "Ahora que termine platicamos". Mientras ella trabajaba, el pequeño Miguelito, vestido de azul marino, gritaba desesperado: "Mami, mami", y su nana se lo llevó a jugar.

Pasaron seis horas, terminó la grabación, y mientras colocaban cámaras y luces para la entrevista, la actriz se acercó, agotada. Tomándose el vientre con las manos, se sentó a platicar y a compartir conmigo un pastelito: andaba de antojo.

AA: Ay sí, trabajando, Mara, tú sabes. Aunque en este estado, de verdad extrañaba mi carrera y extraño al público y todo esto. Pero ahora, en este programa familiar, créeme que es para mí un placer trabajar teniendo a mi hijo, y ahora embarazada. No me imaginaba regresar tan pronto, de verdad, porque obviamente tienes que dedicarle tiempo a tu familia y a tus hijos cuando están chiquitos. Pero ahorita mi bebé: mami, mami, mami, requiere todo mi tiempo, entonces me encanta *Viva la familia*, porque puedo tener tiempo para complementar como mamá y pues en lo artístico, ahora como conductora… un poquito…

Entre risas recordamos tantas cosas que nos habían pasado, mientras le retocaban el cabello y el maquillaje. Nos pasaron al lugar de la entrevista, que duró casi una hora, y después caminamos para que me presentara a su hijo, que en lugar de un beso me dio una rosa. Miguel tiene los ojos de su madre y evidentemente los dientes de su padre. Es una ternura; "mi viejito", como le dice Aracely.

MP: Pero la parte de una familia, si es una familia unida…

AA: La familia es un lazo muy especial, y por supuesto que Miguel tiene una familia unida que lo quiere muchísimo, y como toda la gente, lo que queremos es tener una familia unida.

MP: … que ya estaban separados el papá de Miguel y tú.

AA: (Ríe).

MP: Que hubo varios problemas por la familia, las fotografías con otras personas, celos de por medio.

AA: Se mete muchísima gente, y es la curiosidad, sabes, la curiosidad de querer saber más allá, pero la realidad es la que sabemos nosotros, la familia, y es lo que importa, la calidad y los momentos bellos, eso lo sabemos nosotros.

Me dio gran gusto percibir a una mujer feliz, plena, enteramente enamorada y correspondida, realizada como madre, y emprendiendo nuevas tareas para continuar con su carrera luego de dar a luz.

MP: Hay mitos y realidades, Aracely, respecto a tu vida, a tu vida privada.

AA: Tenemos muchos guionistas en nuestras vidas, en nuestra novela —ríe.

MP: Qué bueno. Estos silencios tan largos... de repente la gente puede especular alrededor de una relación o incluso agregarle más historias a la que ya tiene. Entonces, si no tienes inconveniente, vamos a hablar de estos mitos y realidades, de lo que recuerde y lo que tú quieras agregar.

AA: A ver...

MP: Que existe un contrato, que implica un documento y que implica el número de hijos, la cantidad de dinero que se tiene que dar, que hubo un contrato incluso para *TodoBB*, esta parte del contrato.

AA: Hubo un contrato para *Todo BB* —ríe—, para trabajar en *Todo BB*. No, realmente son muchas especulaciones y muchas cosas. Imagínate, si lo más importante es la familia, cómo vas a, digamos, jugar con eso; todo lo que dicen es como broma, es una broma, y la verdad ni siquiera me incomoda porque ya sé que especulan y dicen muchas cosas. Para mí lo más importante es la familia, la unión. Imagínate un contrato de familia, no sé, yo no me lo puedo ni siquiera imaginar.

MP: ¿Te casaste, Aracely?

AA: Han dicho tantas cosas, pero realmente esas cositas me las guardo, porque es parte de lo que he vivido, de las emociones, son cosas muy, muy especiales, que la verdad nos llenan muchísimo, pero a veces no se comparte del todo. Porque si especulan tantas cosas, dices: "Bueno, de todas formas van a decir lo que quieran".

Esta pareja, que aún guarda en secreto si su unión es legal ante el hombre y ante Dios, continúa con su vida. Al terminar la entrevista, ambos planeaban ya encontrarse en algún lugar de Estados Unidos, en uno de los últimos viajes de la actriz por su segundo bebé. De esto me enteré por una chica de producción mientras Aracely hablaba por teléfono.

MP: ¿Se fortaleció tu relación de pareja?

AA: Yo creo que siempre un bebé, la familia, lo repito mucho ahora, sí, lo recalco mucho, creo fielmente en la familia porque gracias a Dios crecí en una que hasta la fecha es muy unida, estamos siempre apoyándonos en todo, y además estoy en un programa familiar, por supuesto. Pero yo creo que siempre un bebé fortalece los lazos, es un amor tan incondicional, eterno, que realmente fortalece cualquier lazo.

Así terminó una de las pláticas más honestas con una mujer que posee la misma característica: honestidad. Cansada de rumores, pero lista para continuar su vida al lado de su pareja.

AA: Estoy tan inspirada —ríe—, tan inspirada en este momento. Yo creo que te repito lo mismo. Pido, doy las gracias a Dios, pero pido que cuando tenga éxito, me dé la oportunidad de tener también humildad para no perder la realidad; pero también, cuando me dé humildad, me dé un poquito también no perder la dignidad para no dejarme caer ante nadie, ni ante la gente que te quiere ver mal. Yo creo que es importante siempre sentirse fuertes, felices, porque todos tenemos muchas razones por las cuales vivir y ser felices. Así que en este momento mi razón más importante está aquí adentro, y tengo otra afuera —ríe—. Entonces, como madre y como, digamos, ahora con la responsabilidad que tengo en mi familia, pues hay que disfrutarlo, ¿no? Un regalo de la vida, así que pues muchos besos, y lo principal es que seamos felices...

Dos meses después, Aracely Arámbula dio a luz a Daniel, su segundo hijo. Pero su vida sigue siendo un misterio. Nadie sabe si continúa al lado de Luis Miguel, el padre de sus dos hijos. Ella regresó a la ciudad de México en 2009, para protagonizar *Corazón salvaje* al lado de Eduardo Yáñez. Los rumores la rodean, pero como bien lo dijo, sólo ellos saben la verdad.

Yo creo que los celos son una tortura; la verdad, no me gustan; entonces prefiero no serlo, y cuando empiezo a sentir un poquito de celos, ¡ay, adiós, bye!...

ARACELY ARÁMBULA

Chespirito

"Yo tenía la intención, y creo que se logró en cierta forma, de decir que se puede carecer de muchas cosas, como carecía el Chavo, y a pesar de eso tener entusiasmo para vivir y emocionarse, porque la vida es un tesoro que tenemos todos y hay que aprovecharlo..."

Ficha técnica

Nombre real: Roberto Gómez Bolaños.

Lugar de nacimiento: Ciudad de México.

Fecha de nacimiento: 21 de febrero de 1929.

Hermanos: Francisco y Horacio (actor, fallecido en 1999).

Primer matrimonio: Graciela Fernández Pierre, actriz (divorciados).

Hijos: Graciela, Cecilia, Teresa, Marcela, Roberto y Paulina.

Pareja actual: Florinda Meza, actriz, escritora y productora (juntos desde 1977, vivieron en unión libre por 27 años y en 2004 se casaron).

Profesiones: Pasante de ingeniería, boxeador, guionista, creativo, publicitario, comediante, cantautor, dramaturgo, escritor, director y productor televisivo.

Dificultades: El padre de Roberto Gómez Bolaños falleció cuando él era aún muy pequeño, dejándolo desamparado junto a sus hermanos y su madre.

En 2008 surgieron declaraciones de parte de Carlos Villagrán, confirmadas por María Antonieta de las Nieves, de que *El Chavo del Ocho* y su elenco habían actuado para capos de la mafia colombiana. Don Roberto Gómez Bolaños lo negó rotundamente.

El 12 de noviembre de 2009 fue internado de emergencia en un hospital de la ciudad de México.

Según declaraciones de su hijo, Roberto Gómez Fernández, Chespirito tuvo una complicación de próstata, por lo cual le hicieron una intervención quirúrgica sencilla.

Inicios: Como creativo y redactor en la agencia publicitaria D'Arcy, cuando tenía 22 años. Entre 1960 y 1965, dos programas se disputaban el primer lugar de audiencia en la televisión mexicana, y ambos los escribía Chespirito: *El estudio de Pedro Vargas* y *Cómicos y canciones.*

Debut como actor: En 1960, con la película *Dos locos en escena.*

Primer éxito: En 1968: *Los supergenios de la mesa cuadrada.*

Personajes: El doctor Chapatín (1968-1995), Chespirito (1968-1995), el Chapulín Colorado (1970-1993), El Chavo del Ocho (1971-1992), el Chómpiras (1973-1995), Chaparrón Bonaparte (1980-1995) y Vicente Chambón (1980-1984).

Obras de teatro: *Títere* (1984), *11 y 12* (1992-2007).

Películas: *Dos criados malcriados* (1960), *Dos locos en escena* (1960), *El zángano* (1967), *Operación Carambola* (1968), *Las tres magníficas* (1968), *La princesita y vagabunda* (1969), *La hermana Trinquete* (1969), *El cuerpazo del delito* (1970), El *amor de María*

Isabel (1971), *El Chanfle* (1979), *El Chanfle 2* (1982), *Don Ratón y don Ratero* (1983), *El Charrito* (1984) y *Música de viento* (1988).

Escritor: *Los Legionarios* (1958), *Angelitos del trapecio* (1959), *Vagabundo y millonario* (1959), *Dos criados malcriados* (1960), *Los desenfrenados* (1960), *El dolor de pagar la renta* (1960), *Los tigres del desierto* (1960), *Pegando con tubo* (1961), *Limosneros con garrote* (1961), *Dos tontos y un loco* (1961), *¡En peligro de muerte!* (1962), *Los invisibles* (1963), *Los astronautas* (1964), *Los reyes del volante* (1965), *Un novio para dos hermanas* (1966), *El camino de los espantos* (1967), *Operación Carambola* (1968), *La princesa hippie* (1969), *¡Ahí, madre!* (1970), *Fray Dólar* (1970), *El Chanfle* (1979), *El Chanfle 2* (1982), *Charrito* (1984) y *¡Que vivan los muertos!* (1998).

Compositor: Más de 70 temas, entre ellos: "La vecindad del Chavo", "Payasos" y "Alguna vez tendremos alas".

Libros: *Y también poemas* (2003), *El diario del Chavo del Ocho* (2005) y *Sin querer queriendo* (2006).

Es un orgullo mexicano a nivel mundial; los premios recibidos, de gran prestigio, así lo indican. Él ha escrito hermosas páginas en la televisión mexicana. Es un hombre completo: esposo, padre y abuelo. Un ser activo, sonriente, divertido. Trabajador e independiente, poseedor de una indescriptible categoría, don Roberto Gómez Bolaños, de verdad, es nuestro, una personalidad que engrandece a la familia artística mexicana.

Lo admiré como todos, a través de la pantalla, pero aun teniendo un cristal de por medio, es posible percibir su calidad humana, y como muchos quedé impregnada de ella para siempre.

Entre las muchas cosas que debo agradecer a la vida está la de haberme dado la oportunidad de tratar a don Roberto. En múltiples ocasiones, por mi oficio, he coincidido con él, en entrevistas, conferencias, presentaciones, y cada vez se revive en mi interior la emoción de la vez primera en que estreché su mano.

Don Roberto es un hombre con una carrera tan llena y prolífica, una figura prestigiada, de popularidad incalculable, con repisas repletas de premios y hasta con la cancelación de un timbre con la imagen del Chapulín y del Chavo, dentro de la serie *Ídolos populares de la televisión mexicana*. Además, todo su tiempo libre lo dedica a hacer lo que siempre le ha gustado, escribir; así surgieron sus memorias, *Sin querer queriendo*, un libro que huele a recuerdos en líneas y fotografías.

"Para la bella Mara con el cariño de Chespirito", es la dedicatoria de puño y letra de don Roberto Gómez Bolaños en el libro que me envió la editorial. Me dio mucho gusto recibirlo, me sentí muy honrada. Cualquiera se sentiría orgulloso de recibir un regalo tan preciado de un hombre como él. Qué maravilla tener 81 años (nació el 21 de febrero de 1929) y seguir activo, actual, creando, trabajando, amando y sonriendo con tanta humildad y sencillez.

Conocí a don Roberto Gómez Bolaños en un programa de radio, en el que era titular, dirigido por Juan Osorio. Se llamaba *De telenovela*. Eran los tiempos de *Milagro y magia*. El creador de tantas historias sanas y para todo público iba acompañado de su ahora esposa, Florinda Meza, con quien lleva 37 años compartiendo su vida (32 juntos y cinco ya casados).

RG: De repente nos damos nuestro agarrón, pero yo creo que ninguno ha durado el día completo; es una ventaja enorme, porque al final dormimos habiendo hecho las paces. Curiosamente, los problemas a veces son por cuestones de trabajo, en eso podemos a veces disentir, pero yo tengo un privilegio enorme: el cariño de ella no se puede comprar con nada, su ternura, también sus enojos, no se pueden encontrar fácilmente, pero la ternura y el cariño superan todo... Se enamora uno primero por el físico, claro que yo lo he conservado... ella lo ha conservado mucho, pero es más importante el carácter, el comportamiento, la atención. Por ejemplo, me suben, a veces ella misma, a veces la muchacha, el desayuno a la cama todos los días... Es un trato de privilegio, y si estamos en un hotel, que lo estamos con cierta frecuencia, ella se encarga de pedirme todo, aunque lo lleve el mesero, ella se encarga de hacerlo; entonces, es un trato preferencial enorme...

MP: ¿Por qué no tuvieron hijos la señora Florinda Meza y usted?

RG: Yo ya no podía, definitivo, porque tenía hecha desde entonces la vasectomía. Eso lo propuso el ginecólogo de mi ex esposa, porque eran seis hijos; la última, Paulina, nació seis años después de Roberto, que era el penúltimo. Entonces ya no se puede; es operar a ella o a ti, pero es muchísimo menos riesgoso para el hombre, la solución viene siendo la misma. Yo dije: "Bueno, la acepto", entonces yo ya no podía. Pero además ella tampoco habría podido, porque la operaron y la vaciaron toda, y no conozco a nadie con mayor espíritu materno que Florinda, con un espíritu maternal enorme, y lo aplica por todos lados: en la calle, con cinco o seis muchachos de 11 o 12 años, pidiendo algo, invitarlos a desayunar a un restaurante...

Simpático por naturaleza, entre corte y corte comercial nos reíamos contando los cigarros que se fumaba él y los que fumaba yo, que por supuesto no eran pocos. Cómo lo disfruté y lo valoré en ese momento. Conocerlo como persona ha sido una gran experiencia.

Años después me dijo que por fin había dejado "el vicio" y que no sería mala idea que lo dejara yo también. Le di un abrazo fuerte y un beso que todavía tengo guardado. Chespirito ya tiene más de una década sin fumar.

RG: Ya llevo... el 29 de diciembre exactamente, recuerdo el día porque además creo es el día de los Santos Inocentes, el 28... el 28, bueno, entonces al día siguiente se van a cumplir 15 años; pero fumé 40, ahora se van a cumplir 15 años [sin fumar], y la recomendación que haría a toda la juventud y a todo mundo es: ¡No fumen, por favor! Es la estupidez más grande de este mundo, y lo digo con esa sinceridad, porque yo lo hice y fui uno de los culpables, aunque tengo la disculpa de que en mis tiempos no se atemorizaba tanto, no se advertía tanto, acerca de los riesgos que se corren, y son múltiples. Por ejemplo, tengo un enfisema chiquito, no recuerdo si es en este pulmón o en éste, en las radiografías no se sabe si se están viendo así o así, pero es chiquito, es abajo, ya no crece, pero no desaparece, permanecerá ahí eternamente y me provoca molestias muy grandes, como flemas que se me van acumulando y a veces se acumulan más rápido, a veces más lento, pero es un problema grande. Pero ya puedo afortunadamente de los dos lados... me hicieron tres operaciones, la última fue buena y digo de la nariz, donde ya puedo respirar, pero esas flemas son una lata horrible... ¡No fumen! ¡No fumen! ¡No fumen, de veras!...

No hace mucho me volví a encontrar con él. Como en otras ocasiones, fue en su casa, ya no en la de calle Providencia, sino en el eje vial Ángel Urraza. Ambas se ubican al sur de la ciudad de México, en la colonia del Valle, donde prácticamente se crió.

He de reconocer que ya no le gusta dar entrevistas, pero hizo una distinción conmigo, detalle que siempre voy a recordar y que desde luego agradezco infinitamente.

La cita fue a las 12:30 de la tarde, un jueves de diciembre. El equipo técnico llegó una hora antes para instalarse; yo, a las doce, porque deseaba prepararme antes de verlo nuevamente.

Desde la entrada, las personas a su servicio nos trataron educadamente, aunque nos detuvieron un momento para guardar a dos hermosos mastines napolitanos, una hembra maravillosa y un macho colosal, que imponen por su tamaño y bravura. Cruzamos un patio y subimos las escaleras para encontrarnos con una casa preciosa, limpia, con olor a hogar. Los más de 15 relojes de doña Florinda sonaban cada media hora y con más fuerza cada hora.

Me quedé maravillada observando el comedor, la estancia, el recibidor y una habitación tipo oficina en la que se podía ver alguna muñeca antigua sentada en un diván, además de dibujos de sus personajes.

La decoración mezcla discretamente varios estilos con toques finos de antigüedades y adornos pequeñitos, como instrumentos y ceniceros, pero ninguna fotografía. Las paredes están finamente adornadas por cortinas delgadas y cuadros con los trabajos del padre de don Roberto, y una pintura de él con su esposa.

La calma y la tranquilidad permitieron que pasara una hora sin que lo advirtiera. De ese momento de observación me sacó una voz de mujer que se escuchó como susurro y venía desde el segundo piso: "Qué guapo está mi chaparrito". Era Florinda Meza adulando a su esposo, que ya estaba listo para la entrevista.

Me levanté en cuanto bajaron la escalera, primero doña Florinda con un vestido y zapatos negros y en los brazos una perrita chihuahueña envuelta en una colcha; detrás de ella don Roberto, vestido con un pantalón café de pana, una camisa blanca a cuadros y un chaleco beige.

Florinda me saludó como es ella, muy amable y hasta cariñosa. Me platicó que los moretones de los brazos y del rostro se los había hecho su perro en señal de cariño, y se despidió dejando a su marido con nosotros: iba a trabajar. Chespirito también fue muy cálido y tierno. Olía muy bonito. Como siempre, la pareja impecable. Caminamos hacia la salita donde mis compañeros habían montado el set y le dije:

MP: Antes que otra cosa, don Roberto, muchísimas gracias por recibirnos aquí en su casa.

RG: ¡Ay, es un honor para mí! De veras lo digo, y no es muy fácil que reciba yo a alguien.

MP: Yo lo sé, y se lo agradezco mucho.

RG: No, eso no hace falta.

MP: ¿Cómo se ha sentido?

RG: Bien, aunque la recuperación es algo lenta; uno de los problemas grandes que tenía era la falta de control rápido con los esfínteres, y se me va componiendo poco a poco. No le extrañe si me levanto, espero que no; ése era uno de los problemas. Lo demás, te repito, para la edad que tengo creo que estoy bastante bien.

Don Roberto pidió colocarse con su perfil izquierdo, pero no por vanidad, simple y sencillamente porque con ese oído escucha mejor.

Se sentó y no dejó de mover sus manitas, dibujando círculos con los pulgares o para hacer alguna indicación; no podía evitar relacionarlo con el Chavo, qué ternura de señor, y sin querer hace sus movimientos.

RG: Yo creo que sí, tengo algo; desde luego, lo tímido. Yo fui tímido, lo sigo siendo en una proporción equis; forzosamente, las circunstancias me ayudan a aliviar un poco ese problema, pero sigo siendo tímido y optimista. El Chavo carecía de todo, de desayuno, de ropa, de juguetes, de mil cosas, pero apenas le proponían un jueguito, vamos a jugar a esto, se emocionaba: "Zas, y que venían, y entonces, y luego". Y no podía hablar de la emoción, pero era una emoción optimista, y yo quisiera que la gente fuera optimista, toda, porque hay mucha que es al revés y dicen: "Hizo esto que es bueno, sí, pero…" Ay, qué molesto es eso; bueno, a mí me molesta, creo que tenemos eso en común, más o menos, el Chavo y yo…

Inició la charla. Qué ameno es escucharlo, es como inundarse en el libro de la vida, repleto de experiencias, palabras diferentes que suenan tan de uso común. Es como tomarlo de la mano y viajar por mundos indescriptibles. Es perderse en su plática y oír con detenimiento.

La conversación se extendió una hora, y la verdad no quería terminar la entrevista. Su cordura es tanta que apasiona hablar con él. Ésas son las maravillas de esta profesión: tener acceso a personalidades que, como él, siempre nos enseñan algo. ¿Qué aprendí? Su optimismo, su actividad, su actualidad, su vigencia.

RG: Yo creo que es una bendición de Dios porque, desde luego, fue algo no planeado ni esperado, fue sucediendo; sé que hay una ventaja, pero como argumento es muy débil, y yo me propuse y lo cumplí siempre, como un acto de voluntad. No sé si en esencia resultó así, pero siempre me propuse no hacer daño al público. Sabía yo, como todos los que estamos en televisión, que poseemos un arma poderosísima, así como la tienen los escritores de radio, de televisión, desde luego de cine, de teatro, de periódicos. Es una responsabilidad enorme, pero la televisión es directa y procuré nunca hacer nada que hiciera daño, que perjudicara. Seguramente fallé muchas veces, pero nunca de manera voluntaria, y tal vez, respondiendo a la pregunta, eso ayudó a que se mantuviera, aunque es difícil como argumento, la gente no se aglutina mucho ante lo bueno...

Roberto Gómez Bolaños es un hombre sencillo en extremo. Me impresionó ver su reloj.

MP: ¿Qué tan importante es el tiempo para usted?

RG: Ahorita fatal, porque ya se me está acabando. Para mí es importantísimo, yo no puedo usar nada; este reloj, que estuvo de moda en un tiempo, ahora ya es viejo, ya ni hay siquiera, y me da mucho coraje. Porque aquí veo la hora tal cual: 1:29:50, 09 el año, 12 el mes, del día 3, y si le cambio acá tengo otras opciones: el de fax, de llamadas, alarma, de fecha, y me da mucho coraje porque no puedo usar nada. Yo, por ejemplo, cuando veo que ahora hasta los hombres usan aretes, digo: "Bueno, los usaban los piratas", y los veo desde hace tiempo. Pero que molestia andar cargando aretes, collares. Yo, nada que me cuelgue por aquí, anillos ni de casualidad, nada que me estorbe; el reloj porque me hace falta, necesito saber la hora exacta y a veces con segundos. No como otros relojes que dicen: son las quién sabe qué para quién sabe qué tanto, porque ni números traen muchos...

Un olor que provenía de la cocina me llenó sabrosamente el alma. Entonces recordé que la hora de la comida había llegado y tenía que ser prudente, debía terminar la entrevista.

MP: Algo que desee agregar, don Roberto.

RG: Que le agradezco la bonita entrevista; soy renuente a ellas, siempre dependo del entrevistador, y la mayoría no sabe qué hacer, pero usted sí...

MP: Don Roberto, qué halago...

RG: Le agradezco, como se lo agradecería yo, como lo he hecho, no con todos, pero con usted y algunos sí.

MP: Muchas gracias, don Roberto, gracias por recibirnos aquí en su casa.

RG: Gracias, es suya... no, perdón, es de Florinda...

MP: Muchas gracias, don Roberto.

RG: Esto que estoy diciendo es de verdad, ¿eh? Por ejemplo, a mí me han preguntado así tal cual: "¿Qué opinas tú de los gays?" Y yo digo: "A ver contéstame otra cosa: "¿Qué opinas tú de los ingenieros civiles?" Porque, como en todo, hay buenos, malos y medianos, pero las preguntas muchas veces son insidiosas... molestas.

MP: Qué lindo, muchas gracias. Qué gusto me da verlo.

RG: Yo igual.

MP: Ya hace mucho que no lo veía.

RG: Pues he estado medio recluido.

MP: Medio apartado.

RG: Sí, afortunadamente sé hacer lo que hago, escribir, y sé que lo sé hacer bien...

Nos levantamos y me pidió una pluma para dedicarme un libro de poemas escrito por él. Esta vez, la dedicatoria dice: "Para Mara con el corazón de su amigo y compañero Chespirito".

Don Roberto nos acompañó hasta la puerta: de todos se despidió de mano; a mí me dio un beso y un abrazo que todavía siento.

Como en las telenovelas, nunca falta algún enemigo por ahí, pero son pequeños; prefiero buscar, si es que algo hay, la amistad y la reconciliación...

ROBERTO GÓMEZ BOLAÑOS

Chabelo

"Cuando me preguntan quiénes son mis papás, yo siempre digo que mi papá fue Ramiro Gamboa y mi mamá la televisión. Yo nací de ocho años; lo que pasa es que entre el nacimiento y los ocho años yo no lo registré, yo empecé a tener uso de razón cuando ya tenía ocho años..."

Ficha técnica

Nombre real: Xavier López Rodríguez.

Lugar de nacimiento: León, Guanajuato, México.

Fecha de nacimiento: 17 de febrero de 1935.

Primer matrimonio: Angelita Castany, actriz cubana (divorciados, 1960-1962).

Segundo matrimonio: Teresita Miranda, bailarina (casados desde 1969).

Hijos: Óscar, Javier y Juan Gabriel.

Profesiones: Luchador, asistente, ayudante de producción, camarógrafo, *floor manager*, actor, cantante, productor.

Dificultades: Alternar su trabajo en televisión con sus estudios en medicina: le quedaban pocas horas para dormir y en ocasiones no tenía tiempo para comer. Debido a esto tuvo un principio de anemia cerebral. Fue entonces cuando Xavier tomó una decisión que sería trascendental en su vida: sustituyó la aspiración de ser médico por la de ser actor.

Chabelo practicó lucha grecorromana, disciplina que le abrió la posibilidad de representar a México en los Juegos Olímpicos de Helsinki, Finlandia, en 1952. La falta de 40 000 pesos para el viaje frustró su anhelo.

El 23 de octubre de 2008 fue atropellado, sufrió fracturas en cuatro costillas y un esguince cervical.

Debut: En 1954 nació Chabelo, cuando sustituyó a un actor que debía interpretar el papel de un niño que llevaba ese nombre; también se le debe al locutor y presentador Ramiro Gamboa, el Tío Gamboín, con quien durante los años cincuenta formó una mancuerna cómica y a quien por siempre ha llamado "papá".

Éxito: En 1968 comenzó la transmisión de su programa matutino *En familia con Chabelo*.

Discos: Treinta y dos producciones discográficas; la última es *Catafixia* (2004).

Actuaciones con: Enrique Guzmán, Mario Moreno *Cantinflas*, Alejandro Suárez, Yolanda Montez *Tongolele*, Héctor Lechuga, Ramiro Gamboa el *Tío Gamboín*, María Victoria, Daniel *Chino* Herrera, Pedro Vargas y Topo Gigio, entre otros.

Películas: Veinticuatro; las más recientes: *Club Eutanasia* (2005) y *Réquiem para Diana* (2006).

Productor: En familia con Chabelo (desde 1968), *La cuchufleta* (1995), *La Güereja y algo más* (1998) y *Ciudad Blanca* (obra musical) (2006).

Es un niño que representa más de los 13 años que tiene; ya creció. Sin embargo, es un pequeño que conserva en su rostro las marcas de la lucha, la experiencia, el amor a su profesión, y cada una de las sonrisas de los millones de niños que domingo a domingo divierte con sus juegos y su buen humor.

Xavier López *Chabelo* es hombre y niño al mismo tiempo. Escucharlo hablar de las dos formas impresiona al oído adulto y embelesa el alma de niño.

Con cabello claro, ojos tristes, 1.86 de estatura y sin cirugía plástica, don Xavier es serio cuando se amerita, pero mal hablado entre amigos. Es respetuoso en extremo: hasta la fecha me sigue hablando de usted, y no sólo a mí, también a quienes lo rodean. Es extremadamente sensible, sobre todo si se trata de la desgracia de un niño o al recordar un suceso triste. Es amable y educado. Siempre lleva consigo una bolsa pequeña con sus pertenencias, y cuando se trata de trabajo sólo lo acompaña su asistente. No tiene representante, si acaso su hermana Rosy lo ayuda, pero todo lo relacionado con compromisos se trata con él.

Hacer una entrevista con Xavier López o con Chabelo no es complicado. Es un hombre de extrema sencillez, y aunque la familiaridad con él es a través de la televisión, verlo en persona impone. No tiene lado preferido, y lo mismo le da hacer una entrevista en el pasillo de Televisa San Ángel, en el foro donde graba *En familia*, o en los acontecimientos que rodean a la niñez mexicana. Eso, siempre y cuando las preguntas no tengan que ver con su vida personal. Para eso es especial y contesta de mala manera, sobre todo cuando tratan de incursionar en una intimidad que él ha sido incapaz de romper. Es hombre de una sola pieza, dedicado a su esposa y a sus tres hijos.

A este excampeón de lucha grecorromana lo he encontrado continuamente durante más de 20 años que llevo en el medio periodístico. Hemos tenido encuentros muy afortunados; no pueden ser de otra manera cuando se trata de Chabelo.

La más reciente entrevista que le hice a este hombre apasionado por el jazz fue con Chabelo, no con don Xavier. Me llama la atención que, se trate de uno o de otro, siempre lleva una pulsera y un anillo de oro en el dedo meñique. A mí me emociona verlo vestido como el amigo de todos los niños. Zapatos tipo tenis, calcetas cortas, *jumper* rojo y camiseta, o bien pantalones cortos y camisa desfajada. Así llegó hasta las oficinas de Televisa Espectáculos. Tiene el sello distintivo de las grandes personalidades y celebridades del ambiente artístico: la puntualidad.

En las instalaciones de Televisa Espectáculos tenemos un salón pequeño para hacer entrevistas cuando nos visita un famoso. Ahora sí con equipo de nosotros se hizo la instalación a dos cámaras, una para cada uno, y dos sillas colocadas una junto a la otra. Así que cuando él llegó ya estábamos listos para comenzar la entrevista. Me saludó como siempre, con un beso en la mejilla y su infalible: "¿Cómo está, Marita?"

Lo invité a entrar mientras apagaba su celular y su Black Berry. A su asistente le encargó su bolsa y sus aparatos, y se alistó para la plática. Le pregunté qué lado prefería; respondió con una sonrisa. Se sentó a mi lado izquierdo y comenzamos a hablar con Chabelo, y él a responder con su característica voz: la de don Xavier es grave, la de Chabelo es suave.

MP:Para nosotros es un honor contar con Chabelo, que esté con nosotros aquí y seguirlo viendo tan sonriente, contento y animoso como siempre...

CH: Ira, ira, ira, ira. Muchas gracias, Marita, por esta invitación y por estar en este día aquí con usted, porque para mí es, aunque no me traigan nada los Santos Reyes, ya me trajeron regalo con estar aquí con usted.

MP: Chabelo es un niño que vemos siempre tan positivo y con tantas cosas hermosas, pero no es un niño que esté alejado de la realidad.

CH: Yo creo que mi forma de ser, Marita, es porque, a pesar de mi corta edad, estoy convencido de que los seres humanos venimos al mundo a ser felices, y entonces, cómo podemos decir que somos felices, pues nada más que los actos de la vida de nosotros los hagamos con la suficiente inteligencia. Porque Dios nos dio una inteligencia para hacer las cosas que no nos vayan a provocar problemas, porque si nos provocan problemas, como yo pienso que los problemas no existen, los hace uno. Entonces, si yo hago cosas que me provoquen problemas me estoy quitando la belleza de ser feliz...

Xavier López tiene una casa para ayudar a niños con discapacidad en el estado de Hidalgo, fundada antes del Teletón mexicano (que comenzó a realizarse hace más de 12 años), además de una universidad en Querétaro. Es un hombre discreto para dar; nadie se entera, nadie sabe nada, sólo él y sus hijos. Le gusta hacer el bien.

MP: Antes los niños jugaban a la matatena, quizá antes jugábamos otras cosas más sencillas, y ahora nos complicamos con juegos interactivos...

CH: Yo creo que ha crecido más la tecnología que la capacidad del hombre para asimilar tantos inventos y tantas cosas nuevas. Por eso a veces yo me doy cuenta que cuando empecé la escuela, porque llevo cinco años en el segundo año, entonces, cuando empecé la escuela me decían que... yo no me acuerdo que hubiera tantos cuates que tuvieran hiperactividad y ahora veo que hay muchos, antes no había tantos; también ahora hay muchos cuates que dicen que tienen déficit de atención. Yo creo que ésa no es enfermedad, lo que pasa es que, a mí me dijo mi papá, que los niños empiezan a tener información desde el quinto mes que empiezan a formarse en la panza de mamá, entonces desde el quinto mes empiezan a recibir información, y cuando nacen se encuentran con, vaya, para decirlo mas claramente, yo los niños que conozco de antes, de ninguna manera sabían tantas cosas como los niños de hoy.

MP: ¿Es cierto que tienes una colección de ranas?

CH: Híjole, tengo 2 700; pero no vivas, ¿eh?, yo no hago cosas con los animales vivos, no, todas son de material. Me gustan, he sido coleccionista de ranas...

MP: ¿Por qué?

CH: Por una sencilla razón: bueno, cuando yo empecé a juntar ranas decía: ¿por qué?, porque, así que diga usted: "Ay qué bonitas son", no. Sapos, entonces me puse a estudiar las ranas; para empezar, quiero que sepa que hay cerca de 2 400 especies de ranas en peligro de extinción gracias al hombre, y yo seguía insistiendo: ¿por qué me gustan las ranas? Y encontré una identificación: la rana es el único animal que al sentirse atacado no tiene posibilidad de ir para atrás, siempre salta hacia delante, y yo así he sido: nunca me ha gustado retroceder, siempre voy para adelante, como las ranas, no sé caminar para atrás. Me he caído muchas veces y me levanto, y siempre voy para adelante; ésa es mi identificación con las ranas, por eso tengo 2 700 y en todos lados las veo y entonces me acuerdo que no puedo ir para atrás, no quiero ir para atrás, no sé ir para atrás…

Amante de las motocicletas, don Xavier toca a la perfección la batería y las tumbas no pierde jamás la posición de la persona que está hablando; es muy inteligente, conoce bien los límites de los niños, pero mejor el de los adultos.

MP: ¿Chabelo es un niño muy sensible?

CH: Eso sí, soy muy sensible y soy medio chillón a veces, cuando me entra la sensibilidad no me da pena llorar. Es que llorar, eso de que los hombres no lloran, cómo no, también lloran, y hay que llorar porque así suelta uno lo que trae adentro y se siente tranquilo.

MP: ¿Cuál es la comida preferida de Chabelo?

CH: Los chiles rellenos de queso.

MP: ¿Y su ropita, cómo la escoge?

CH: Ésa me la compra Xavier, ya ni modo, pues qué hago.

MP: Chabelo, siempre es un placer platicar con usted, salúdenos mucho a Xavier.

CH: De su parte, cómo no.

Así terminó una charla llena de ternura. Cuando acabó la entrevista, seguí platicando con don Xavier.

También me ha tocado convivir con Xavier López *Chabelo*, en otras circunstancias, como cuando le rindieron un homenaje en una delegación del Distrito Federal, entre otras ocasiones. Una vez coincidimos en una comida que ofrecieron los ejecutivos de la empresa donde ambos trabajamos. Iba vestido de azul con zapatos y bolsa negros. Es muy buen conversador, temas no le faltan. Como estábamos muy a gusto platicando, nos fuimos caminando hasta la mesa que elegimos para comer.

Me reí mucho, es por demás simpático. Como tenía mucha hambre me estuvo vacilando con los bolillos que me comía, y todavía se robaba los de los demás platos para dármelos a mí. Esa tarde tomé refresco de cola y él agua mineral. Comimos poco en esa ocasión y nos salimos juntos porque ambos teníamos cosas que hacer. Me acompañó a mi coche como todo un caballero y ahí nos despedimos.

Lo he seguido saludando y no dejo de admirarlo.

Gracias, Chabelo, por más de cuatro décadas de llevar sano entretenimiento infantil, por seguir ahí, conservando tu sencillez, tu frescura, tu autenticidad, y por el despertar de cada niño que, como tú, conoce las maravillas de la vida.

Mi necesidad de interpretar a Chabelo me ha hecho modificar mi conducta en la vida, me ha enseñado muchas cosas; yo no les he enseñado nada a los niños, los niños me han enseñado a mí a vivir, porque es maravilloso ser niño...

XAVIER LÓPEZ CHABELO

Shakira

"Las lágrimas de Shakira niña eran lágrimas de azúcar; las de hoy son más saladas, son las lágrimas de una mujer adulta, son las lágrimas de una mujer que tiene miedo, muchos miedos..."

Ficha técnica

Nombre real: Shakira Isabel Mebarak Ripoll.

Lugar de nacimiento: Barranquilla, Colombia.

Fecha de nacimiento: 2 de febrero de 1977.

Hermanos: Lucy, Alberto, Moisés, Tonino, Patricia, Antonio y Eduardo.

Pareja actual: Antonio de la Rúa, argentino (tienen una relación amorosa desde el 2000).

Profesiones: Cantante, compositora, productora, arreglista, coreógrafa, bailarina y actriz.

Dificultades: En 1979, su medio hermano mayor murió en un accidente en motocicleta: un hombre borracho lo golpeó con su coche.

En 1997, después de un concierto en Barranquilla, Colombia, 50 000 fans que corrían a verla no pudieron ser controlados y dos de ellos murieron pisoteados por el tumulto. Esto afectó mucho a la cantante.

Su representante para América Latina, Patricia Téllez, la mujer que le ayudó a convertirse en artista internacional, murió de un ataque al corazón en Bogotá el 17 de agosto de 2004.

El 29 de octubre de 2007, los sensuales movimientos de cadera de Shakira escandalizaron a Afganistán, debido a la retransmisión de un concierto en el que muestra ropa muy sensual, contraria a las creencias afganas.

En 2008 se publicó que existía un video de ella teniendo relaciones con el también cantante Alejandro Sanz y con su novio Antonio de la Rúa.

Debut: Magia, (1991) fue su primer álbum; la colombiana contaba con 13 años de edad (un fracaso en ventas).

Primer éxito: Estoy aquí (1995).

Discos: Tiene 15 producciones discográficas, que incluyen álbumes de estudio y en vivo, con versiones en inglés y español; la más reciente *She Wolf* (2009), en español *La loba*.

Idiomas: Inglés, español, portugués e italiano.

Duetos: Alejandro Sanz, Beyoncé, Miguel Bosé, Pink, Madonna, KT Tunstall, Joss Stone y Wyclef Jean.

Telenovelas: El oasis (1996).

Fue nuestro segundo encuentro. El primero había sido en Miami, cuando presentó el disco *Fijación oral*. Tuvimos una sesión de escucha y luego la charla con ella. Estando frente a frente me sorprendió. En la pantalla se ve mayorcita de edad y hasta exuberante; de baja estatura, su cuerpo no muestra signos de corpulencia, pero parece ejercitado. No llegó rodeada de personajes extraños, sólo la acompañaba una asistente, al pendiente de ella. Su vestuario era sencillo.

Trabajamos, como se dice en el medio, con *junket*, es decir, con equipo rentado por el artista y colocado a su gusto. Sólo queda la silla del entrevistador para cambiarla según el medio que charle con esta mujer de 33 años, menudita, de larga cabellera rubia y rizada. En las dos ocasiones en que me he encontrado con ella se comportó como lo que es: una joven educada, dispuesta y con muchas ganas de trabajar. Lo principal en ella, claro, es su sencillez.

Para ser la benefactora de cientos de millones de niños a través de su fundación Pies Descalzos y de ALAS; haber vendido millones de discos por todo el mundo; ser la representante latina de la música en varios países; haber penetrado en el gusto del público de habla inglesa con tremendo éxito, lo menos que me esperaba era encontrar a una Shakira envuelta por la parafernalia propia de una celebridad. Por el contrario, llegó una joven espontánea y natural, que deja la sensualidad para el escenario.

SH: No es fácil lo que tenemos que hacer: educar y alimentar niños en conflicto, de zonas con violencia, niños que han sido afectados particularmente por la violencia. Pero el trabajo es tan satisfactorio, lo más lindo que me pudo haber pasado; yo diría que más que mi carrera, que me perdonen mis fans, pero mi carrera, que me ha dado tantas satisfacciones, ilusiones, momentos maravillosos, no se compara con proveer a un niño de educación y darle alimento y saber que ese niño está cada vez más feliz y ver su sonrisa en la cara que no lo puede creer, que está estudiando en el lugar que a él le gusta, que disfruta ir a la escuela, lo disfruta...

En esta segunda ocasión fue todavía más grato el encuentro, aunque se tardó varias horas en recibirnos. No por ella, sino por las tardanzas acostumbradas en los *junkets* y por los medios internacionales que llegaban a distintas horas al lugar de la cita, cerca de la playa, aunque mi entrevista se hizo en un hotel.

Antes que yo, correspondía el turno a la ya reconocida figura del espectáculo argentino Susana Jiménez, que por cierto se acabada de someter a un procedimiento quirúrgico y le costaba trabajo caminar. Por eso le pidió a Shakira grabar el encuentro con su cámara antes de entrar a la habitación acondicionada para las entrevistas. Fue en ese momento cuando la colombiana salió para cumplir con la petición de la televisión bonaerense. Se acercó a saludarme, como si nos encontráramos cada rato. Me dio la bienvenida y dijo: "Gracias por estar aquí". Shakira siguió su camino sola, hasta encontrarse con Susana Jiménez, e hicieron la grabación. Juntas caminaron hasta el salón, tardándose un poco más del tiempo que nos dan para las entrevistas, pero, la verdad, ya había esperado tanto que un poco más no me importaba. Además, todavía faltaban cuatro medios después de mí y ya eran las 9:30 de la noche. Llegó mi turno.

A pesar de haber dedicado 12 horas a medios internacionales, todavía tenía una sonrisa reservada para la entrevista que otorgó a Televisa Espectáculos.

SH: Bueno, aquí vivo, aquí tengo mi estudio de grabación también y desde aquí he realizado discos muy importantes, desde *Servicio de lavandería*. Creo que con cada álbum he estado viniendo a Las Bahamas porque un día decidí quedarme aquí, un lugar donde refugiarme de los viajes, descansar un poco y también crear; es un lugar más creativo...

Estaba vestida completamente de negro, blusa sin mangas, pantalón ceñido y unas altísimas botas de charol, poco maquillaje, el necesario para las cámaras; en las manos, de uñas cortas y sin esmalte, sólo un anillo de moda; su cabello, más rubio y lacio, raro en ella después de acostumbrarnos a verla con su rizado. Una imagen perfecta para la loba de ese tiempo.

SH: La verdad es que me salió, no fue algo pensado. No creí que me fuera a poner tan rubia. El peluquero me dijo: "Te voy a hacer unas mechitas oscuras", pero salieron tan oscuras que quedé mal, porque además el contraste era absurdo. Algo pasó, fue un accidente con el tinte, quedó más oscuro. Al final tocó poner rubio lo que se había puesto oscuro y terminé más rubia de lo que había planeado. Pero es un accidente feliz, está bien un cambio de *look* también, para empezar. Pero no fue nada planeado...

A un costado del sillón en que estaba sentada, y con las cámaras dirigidas a su lado derecho, como la primera vez, había una mesa pequeña con su polvo para quitar el brillo, el lápiz labial y un plato de frutas y verduras con yogur que comía cada que tenía un tiempo. Según ella, para cuidar la línea en ese momento estaba evitando subir de peso y procuraba estar perfecta para presentar en público su nuevo disco.

SH: De la dieta, la verdad es que me estoy masacrando con una dieta que ni te cuento, porque me quiero comer, claro, tamales, todo el pan del mundo, todos los quesos. Pero no puedo, no; ahora me tengo que cuidar un poquito más, eso también viene con los 30. Por ejemplo, a los 20 comes lo que sea y eres un barril sin fondo; ahora ya lo que comes se va a algún lado y se queda. He comido mucho pescadito, mucha ensalada, muchas cosas aburridas, y estoy haciendo mucho ejercicio...

Es una perfeccionista, y éste es un requisito para ser una figura internacional. Shakira posee un estilo único en lo musical y en lo coreográfico, y aunque no es ningún secreto, me quedé impactada cuando habló de ello...

SH: Un día me encerré con la música y la cámara de video yo sola, a bailar y bailar, a explorar nuevas rutas con mi cuerpo, y salieron cosas que después ni yo misma podía repetir, que es el proceso más complicado, imitar los primeros pasos, los más espontáneos. Y de ahí empecé a hacer toda la coreografía para el video. Entonces, el video está bastante basado, bastante fundamentado en el baile...

Durante la entrevista Shakira lucía tranquila, segura de lo que estaba diciendo. De pronto olvidó la entrevista y platicó con una amiga, sin ninguna pose y olvidando sus mejores ángulos. Mantenía las manos ocupadas con el cabello, lo hacía de un lado a otro despreocupadamente. Entramos a un terreno más íntimo, pero siguió respondiendo como si no existieran cámaras, luces, micrófonos o el resto de la gente que nos veía.

Eso me encanta de ella, su sensatez para contestar, aun cuando es una de las figuras más perseguidas por los *paparazzi* y más cuestionadas en el aspecto personal: que si anduvo con Alejandro Sanz, que si se peleó con el novio, en fin. Shakira tiene poco más de nueve años como novia de Antonio de la Rúa, hijo de don Fernando de la Rúa, ex presidente de Argentina, quien, como ella, crea mucha expectación respecto a su vida sentimental. Preguntas que él evita y ella, al contrario, espera pacientemente y responde sin mayor problema...

SH: Mira, tengo muchas ganas de reproducirme, esta loba se quiere reproducir ya, quiere su lobito, pero no se puede ahora, no queremos que nuestro hijo nazca en medio de tantos miles de proyectos. Sí, tengo muchas ganas, hay algo que pasa cuando llegas a los 30, el reloj biológico te lo pide, te pide un hijo. Hay mujeres en que varía, oscila, fluctúa; hay épocas en que se siente más intenso, es más física la necesidad, y en otras se tranquiliza la loba. Tenemos muchas ganas de tener un hijo, yo creo que... ojalá que ya después de este ciclo, de este álbum, y bueno, lo del matrimonio... En realidad, con Antonio tenemos un hogar, tenemos una familia, estamos muy unidos, no creemos que un papel material, una institución material nos unirá más de lo que ya estamos. Si acaso te da un poquito de miedo cuando tienes algo tan bueno, y de pronto debes someterlo a algo tan acartonado: un poco la fiesta, el matrimonio, las invitaciones, en realidad nos da mucha pereza el asunto ese. Quiero ser la madre de sus hijos pero no creo que tenga que casarme para eso, no era como pensaba a los 18 años, ya ves la diferencia, la gente va cambiando...

Aunque la música es un idioma universal, el lenguaje sigue siendo una barrera para muchos. En el caso de Shakira no fue así... Perfeccionista como es en lo profesional y tan disciplinada en lo personal, aprendió a hablar y a escribir en inglés. Fue difícil, pero la recompensa es notable.

Ahora, Shakira puede darse el lujo de otorgar entrevistas en inglés o en español indistintamente, situación que le ha traído la admiración de algunos y las críticas de otros, pero para ella dominar otro idioma es la oportunidad de llegar a otras ideologías con su arte.

SH: Es interesante, porque yo además aprendí el inglés muy tarde en mi vida; no lo hablaba desde niña y casi empecé a escribir en inglés porque me tocó, porque me comprometí a hacer un álbum en inglés y no soportaba la idea de que otras personas escribieran por mí, sin poder expresarme como lo hacía a través de mi música. Me tiré a una piscina de agua fría sin saber nadar, prácticamente así fue, así lo veo metafóricamente hablando. Empecé a escribir mis primeras canciones en inglés con un diccionario en la mano; me acuerdo que era "Objection". Mi primer álbum en inglés fue *Laundry Service, Servicio de lavandería,* y bueno, a partir de ahí fue un proceso de conocer también el idioma, entenderlo, familiarizarme con él, sin romper mis propias reglas de la composición, auque el idioma se presta para explorar otras formas. Porque es un idioma donde hay muchas palabras monosílabas y con una sola frase expresas lo que deseas; en español necesitamos palabras un poco más largas y eso cambia bastante el fraseo, la métrica de una frase; es muy interesante, ahora creo que se ha vuelto un poco más natural en mí. Por ejemplo, "She Wolf" la escribí primero en inglés toda la primera parte, el verso, el coro, y después decidí hacer la versión en español; pero la idea de "La loba" surgió en inglés...

La recuerdo muy bien, y de la primera a la segunda vez que la entrevisté, ya no era la misma Shakira: la percibí diferente, más mujer, más segura de lo que es y de lo que representa, de lo que significa para los jóvenes y su aportación a la música.

SH: Bueno, para comenzar, ya tengo 33 años, lo que siente una mujer a los 33 es muy distinto a lo que siente una niña a los 18. La forma de expresarse cambia; creo que en este álbum me expreso con un poquito de menos pudor, no sé por qué. Me siento en este momento de mi vida, me siento más coherente así, creo que todo lo que he hecho hasta ahora en mi carrera ha sido coherente con el momento en que vivo, con la situación en la que estoy, con mi visión del mundo, con cómo me siento. Hoy me siento más carnal, y la loba es carnal, me da pena decirlo pero es así...

La charla fue de lo más agradable, y bueno, terminó siendo hasta divertida. Las personas de producción no nos presionaron con el tiempo, ni ella tampoco. Hablamos sin prisas y sin corte por parte de los camarógrafos, y eso se agradece. Porque generalmente, cuando se viaja como reportero y con muy pocas oportunidades de entrevistar a artistas como ella, hay varias preguntas que se quedan en los cuestionarios que se llevan escritos y en el que surge a cada respuesta. Sin embargo, no todas las entrevistas con los grandes son así de agradables en cuanto a no tener limitaciones de tiempo.

Me sentí muy cómoda y creo que ella también. Shakira refrendó la imagen que tenía de ella, y de verdad, pocas personalidades con la estatura de la colombiana. Mi admiración y respeto por la "Loba".

Quiero ser la madre de los hijos de Antonio, pero no creo que tenga que casarme para eso; no era como pensaba a los 18 años, ya ves la diferencia, la gente va cambiando...

SHAKIRA

Paulina Rubio

"Sí tengo ganas de tener bebés, pero no mañana.
Ya ves cómo es la gente; nada, yo creo que les gusta que
después de que te casas que luego luego te embaraces,
y si no te embarazas pues luego luego van a inventar
que te estás divorciando..."

Ficha técnica

Nombre real: **Paulina Susana Rubio Dosamantes.**

Lugar de nacimiento: **Ciudad de México.**

Fecha de nacimiento: **17 de junio de 1971.**

Padres: **Susana Dosamantes (actriz) y Enrique Rubio.**

Hermano: **Enrique Rubio.**

Matrimonio: **Nicolás Vallejo-Nájera *Colate*, empresario español (casados, 2007).**

Profesiones: **Bailarina, cantante y actriz.**

Dificultades: **Paulina y Thalía (1988) tuvieron un altercado en pleno escenario hasta llegar a los golpes durante una presentación de Timbiriche en Monterrey.**
    Alejandra Guzmán y Paulina Rubio vivieron un triángulo amoroso con Erick Rubín (1991-1992).

En marzo de 2007, la cantante demandó legalmente a su ex asistente en España, Javier Saavedra, quien en entrevista con el canal Telecinco dijo que Rubio gustaba del lesbianismo y que había introducido a su ex novio, Ricardo Bofill, en el consumo de estupefacientes.

En octubre de 2007, Paulina Rubio apareció en la portada de la versión española de la revista *Cosmopolitan*, desnuda y envuelta en la bandera de México. El acto iba contra el artículo 56 de la Ley de Uso de la Bandera, y fue sancionada con más de 50 000 pesos.

Ese mismo año, el consulado estadounidense desechó el trámite de Paulina Rubio y su esposo *Colate* para obtener la residencia en Miami, debido a que el examen toxicológico reveló que ella ingirió marihuana, mientras Vallejo dio positivo en consumo de éxtasis, cocaína y marihuana. La luminaria pidió perdón al gobierno estadounidense por perder su visa de residencia.

Debut: En 1981, con el grupo Timbiriche; en 1992 se lanza como solista con el disco *La chica dorada*.

Primer éxito: "Mío" (1992).

Discos: Como solista cuenta con nueve discos; el último es *Gran City Pop* (2009).

Idiomas: Inglés y español.

Duetos: Jenni Rivera, Coti Sorokin, Julieta Venegas, Rosario Flores, Pitbull, Miguel Bosé, Bon Jovi, Ronan Keating.

Películas: El día del compadre (1983), *Bésame en la boca* (1994).

Telenovelas: Pasión y poder (1988), *Baila conmigo* (1992), *Pobre niña rica* (1995) y *Atrévete a soñar* (presentación especial) (2009).

Tiene una memoria privilegiada. Lo mismo recuerda los nombres que los rostros: si alguna vez le hiciste una pregunta que no le gustó, o bien sólo se queda con lo bueno. La conozco de varios años; no recuerdo el momento preciso, pero sí la manera en que saluda, lejos de cualquier pose o acento. Un día, en la calle central de las instalaciones de Televisa San Ángel pasó una camioneta blanca con vidrios polarizados. Yo caminaba sobre la banqueta cuando escuché un grito que provenía del vehículo: "Mara, Mara". Era Paulina Rubio, que desesperada me llamaba para saludarme. Paró la camioneta y me acerqué a saludarla. Me dio un beso y preguntó cómo estaba.

En otra ocasión la encontré en una junta de la empresa. Estaba unos asientos adelante con su mamá, doña Susana Dosamantes. Volteó y de igual forma llamó mi atención para saludarnos. La he entrevistado muchas veces y siempre ha sido atenta y bromista. Es la imagen que tengo de ella.

El encuentro más reciente que tuve con Paulina Rubio fue en 2007. Vino a México para presentarse en el *reality* de Timbiriche, grupo con el que se dio a conocer desde niña. Era un reencuentro con ellos en medio de la polémica.

La entrevisté en el departamento de un amigo de Paulina que siempre lo pone a su disposición cuando visita el Distrito Federal. La cita fue a las cuatro de la tarde y me presenté con dos camarógrafos a fin de cubrir en forma esta exclusiva para promocionar su presencia en el programa de televisión. Nos recibió el personal de servicio, que permitió instalar el equipo para cuando Paulina estuviera lista.

En ese tiempo se barajaban varios asuntos con la "Chica Dorada": que si estaba embarazada, que su trato con los medios no era el mejor, así como la rivalidad con algunas compañeras del medio artístico. Abordar con ella tales asuntos de la mejor manera no resulta fácil, aunque haya mucha confianza al hablar de cosas que pertenecen a la intimidad. En fin.

Paulina Rubio salió de una de las habitaciones del inmenso departamento de un solo piso. Estaba vestida con un pantalón de mezclilla, suéter a rayas rojo con blanco, chaleco beige y unos zapatos rojos de tacón muy alto. Y su característica melena rubia, rizada y alborotada. Me saludó cariñosamente y se sentó en uno de los sillones blancos, dando a la cámara su lado izquierdo.

Comenzamos a platicar de su boda, a la que fui invitada y no asistí porque francamente no tenía con quién ir. Me dijo: "Como tú no fuiste a mi boda, ni creas que voy a ir a la tuya". (Yo me casé en diciembre de 2007; ella, el 30 de abril de ese mismo año.) Luego me preguntó qué estaba haciendo para cuidarme; me dijo que ella se conservaba en forma haciendo bicicleta, y en una con respaldo porque tiene lastimada la espalda; que al lugar que vaya siempre pide una bicicleta estática. También me regaló un producto para el cabello: así luciría como el suyo. Me pareció simpática y amable.

Sentada con desenfado y nada de sobriedad, comenzó una larga entrevista. Aquí un extracto.

MP: La sorpresa total fue la noticia de tu embarazo, una noticia que un día se confirmaba y otras se negaba, pero no lo hemos escuchado de ti.

PR: Bueno, te cuento que todavía no cumplo cinco meses de casada; me casé el 30 de abril. Tengo muchas ganas de tener una familia, más de dos niños seguramente, si Dios quiere. Pero nos acabamos de casar, queremos disfrutar el uno del otro, queremos viajar, tenemos un proyecto de vida juntos, un proyecto profesional. Entonces, inmediatamente no voy a tener *babies*, y ojalá en unos años, en un año o en dos, pero ahora mismo no voy a tener bebés.

MP: Paulina, el éxito de repente se mezcla con los medios de comunicación, y pareciera que tu vida va de la mano del escándalo. ¿Cómo lo percibes?

PR: Pues yo lo percibo como bromas, yo lo percibo como gente de la industria que sabe cómo vender su producto o cómo vender el *rating* o cómo vender una revista. Y se aprovecha mucho a la gente que está en un buen momento de su carrera. Yo estoy acostumbrada a que la gente quiera saber de mí y a mí me gusta eso, porque trato de dar lo mejor cuando grabo un disco para que conozcan a Paulina, el ser humano; Paulina la artista, arriba de un escenario, y también cuando no estoy arriba del escenario, porque también están ahí cuando salgo de una clase de yoga, cuando llego a un acto social, cuando salgo de un concierto, cuando llego a mi casa. Entonces se me hace normal que la prensa esté ahí y también que inventen cosas; es algo que ya mi mamá desde muy niña me enseñó y me hace inmune. Mi amiga no lo dijo; le pusieron un cuatro, le dijeron: "Oye, qué tal si Paulina está embarazada; oye, qué tal...: A Coco Levy también le preguntaron; en fin, ellos tampoco son expertos, no están acostumbrados a estar delante de las cámaras y a veces te pones nerviosa y dices cualquier cosa. Pero cuando tenga un bebé lo van a saber todos, van a ser parte de mi familia, van a saber cuando esté y si es niño o es niña, pero por ahora no voy a tener un bebé inmediatamente. Queremos ser unos papás responsables y tenemos muchas ganas también de disfrutarnos el uno, al otro; somos jóvenes y no tenemos prisa para tener un bebé. Creo que lo mejor está por llegar, pero no inmediatamente.

MP: Ahora hay algo que también es muy comentado en los medios de comunicación mexicanos: que de repente Paulina sí da cosas a los medios extranjeros, les da a los españoles, les da a los norteamericanos, pero a México no. ¿Hay una relación distinta con la prensa de México, una relación hasta cierto punto ríspida?

PR: Yo te quiero decir que con los medios en general, mexicanos o españoles, yo trato de ser tan profesional como lo estoy siendo contigo, aunque seas mi amiga y aunque tengamos una relación. Muchas veces, cuando vengo a México trato de... por ejemplo, cuando me iba a casar, con la primera persona que hablé fue de *Reforma* y la gente se acuerda más del *Hola* que de *Reforma*. Yo creo que puedo decir que me siento tan mexicana como una persona que vive en todo el mundo, y no sé, no quiero que se me califique de una o de otra forma. No importa que se me califique, pero creo que muchas veces la idea de los artistas cuando nacemos en México es completamente diferente, y lo que quiero decir es que mi percepción no es la misma, no es así...

MP: ¿Tú sientes a todos los medios igual?, ¿todos son algo agresivos o todos son amables en cualquier parte del mundo?

PR: Agresivos los siento mucho aquí, en México, muy agresivos, como que la nota amarilla tiene mucho que decir, y tú me lo estabas confirmando hablándome de Plácido Domingo y de la entrevista que acababas de hacer; pero yo creo que lo positivo mata a lo negativo. Entonces, en lugar de poner atención en lo agresivo, pues yo trato de mandarle amor a todo el mundo.

MP: ¿Qué es lo que más te saca de tus casillas, Paulina? ¿Qué es lo que más te saca de quicio, cuando estás en un aeropuerto, cuando estás en un restaurante o vas llegando a algún sitio? ¿Qué es lo que más te saca de quicio de la prensa? ¿Qué tipo de preguntas te molestan?

PR: Más bien hablemos de lo que me gusta, no de lo que no me gusta. Creo que yo dejo que la gente haga su trabajo, si la gente no se mete con mi trabajo; me gusta la honestidad, me gusta la gente positiva, me gustaría llevar esta entrevista hacia lo bonito, hacia lo que me gusta, no hacia lo que no me gusta. Yo creo que a cualquier persona, en cualquier profesión, lo que no le gusta es que se mienta, y muchas veces se miente de los personajes y se arman telenovelas ficticias para vender la nota o cualquier cosa. Sólo para vender, tener ese punto amarillo, a lo mejor es que aquí en México así les gusta el rollo.

MP: Paulina, ¿algo más que quieras agregar?

PR: ¿Dónde están las chelas? ¡Ay sí! No, nada. Gracias.

MP: Gracias.

Nos reímos a carcajadas y efectivamente nos trajeron cervezas y comida: brócoli, zanahorias, jícamas, entre otras verduras, y nos seguimos platicando con su esposo Nicolás Vallejo-Nájera

Colate y la Chata, una amiga de Paulina, que se agregaron a la charla cuando terminamos de trabajar. La tertulia se alargó, y cuando vi el reloj ya eran las nueve de la noche. Me despedí y me retiré satisfecha, contenta por haber conocido más a fondo a una cantante honesta y simpática, comprometida con la sociedad y viviendo su lado de mujer y de artista. Sin muchas exigencias, vanguardista y libre para tomar decisiones.

Dicen que no es fácil tratarla ni entrevistarla; para mí, sí lo ha sido.

Lo positivo mata a lo negativo; entonces, en lugar de poner atención en lo agresivo, pues yo trato de mandarle amor a todo el mundo...

PAULINA RUBIO

Gloria Trevi

"Ni soy la misma, ni soy lo mismo de siempre; yo no me avergüenzo de la chava que fui, la mujer que fui, porque es parte de lo que soy ahora..."

Ficha técnica

Nombre real: Gloria de los Ángeles Treviño Ruiz.

Lugar de nacimiento: Monterrey, Nuevo León.

Fecha de nacimiento: 15 de febrero de 1968.

Hijos: Ana Dalai (nacida y fallecida en 1999), Ángel Gabriel (nació en el 2002, mientras Gloria Trevi estaba en prisión en Brasil; aún no se sabe quién es el padre).

Matrimonio: Armando Gómez, abogado (2009).

Hijos: Ángel Gabriel (2002) y Miguel Armando (2005).

Profesiones: Instructora de aeróbic, actriz, cantante, bailarina y compositora.

Dificultades: Su carrera fue interrumpida cuando las autoridades mexicanas la acusaron, junto con su ex apoderado Sergio Andrade y la corista Mary Boquitas, de abusar sexualmente de menores de edad. Fueron detenidos en enero de 2000 en Río de Janeiro, Brasil. Los tres permanecieron en la prisión de La Papuda hasta su extradición a México.

El 22 de diciembre de 2004 fue trasladada al Cereso de Chihuahua.

El 24 de diciembre le fue dictado auto de formal prisión por delitos de corrupción de menores, rapto y violación equiparada, en agravio de Karina Yapor, decisión emitida por el juez Héctor Talamantes, del estado de Chihuahua.

En 2004 fue absuelta de todos los cargos y quedó en libertad el 21 de septiembre, después de cuatro años, ocho meses y ocho días encarcelada.

Inicios: En 1982 ganó el concurso del programa *XETU* para encontrar a la doble de Chispita, personaje que interpretaba Lucero.

Debut: En 1985, en el grupo Boquitas Pintadas; como solista, en 1989.

Primer éxito: "Doctor Psiquiatra" (1989).

Discos: Nueve; el más reciente: *Una rosa blu* (2007).

Duetos: Olga Tañón, Celso Piña, Kabah.

Películas: Pelo suelto (1991), *Zapatos viejos* (1993) y *La papa sin catsup* (1995).

Libro: Gloria (2002).

Eran sus inicios y, de alguna manera, también los míos. Explosiva y encantadora; mirada tierna y a la vez perdida, como si viera todo y no viera nada, era una joven inquieta. Para ella, pisar el escenario era detonante de un comportamiento, para muchos extravagante, pero para quienes la conocemos sabemos que ella es así, impetuosa, irreverente.

Tuve la fortuna de conocerla cuando promocionaba su primer disco, que incluía "Doctor Psiquiatra", y de ahí el éxito, los premios, las giras, los aplausos y, por supuesto, el cariño del público. Gloria Trevi nació con estrella, la misma que la sigue acompañando.

Gloria de los Ángeles Treviño Ruiz, con medias rotas, zapatos viejos y el pelo suelto, fue el reflejo de una juventud ansiosa que pugnaba por un cambio; a través de sus canciones, niñas de todas edades decían lo que debían callar en casa. Identificaban con palabras y música sus propias vivencias. Gloria Trevi daba forma a los sentimientos de todas ellas.

Nos saludamos en varias ocasiones en programas de televisión y de radio, festivales musicales, palenques. Ningún escenario era suficientemente grande para su talento, ni tan pequeño como para no albergar a todo su público. Canciones y canciones, pero siempre había una que sus fanáticos pedían, la misma que interpretaba hasta tres veces en una noche, que invariablemente arrancaba una lágrima de Gloria y de quienes de diferente manera sentían que pasaban por la misma situación; pero nadie sabía con certeza qué ocurría en la mente y el corazón de la mujer: "El recuento de los daños".

"La Trevi", como le llaman, continuó con una carrera que impresionaba hasta a los doctos en materia de espectáculos y de información general. Su trayectoria crecía y al mismo tiempo las olas se levantaban amenazantes para hacer naufragar su barco. De repente, las noticias de la regiomontana tomaron otro tinte, ya no el del éxito sino el de la búsqueda. En un instante, el tono cambió de rosa a rojo, de páginas de espectáculos a titulares de notas policiacas.

Gloria Trevi estaba en algún lugar del mundo sintiéndose acorralada, perseguida por las autoridades en busca de la verdad, y por la prensa, que requería una declaración exclusiva.

Desde la oscuridad recibí un disco, el último de aquel tiempo de aguas agitadas: *No soy monedita de oro*, de Cuco Sánchez, interpretada por ella en diferentes géneros, pero como primer sencillo con mariachi. Sólo se dio como noticia, mas no como indicio.

Gloria y yo jamás nos dimos cuenta de la dimensión del cariño que nos une hasta que llegó la desgracia.

Primero el episodio de Brasil, país donde estuvo escondida en diferentes departamentos. Ahí tuvo una hija, fue encarcelada y extraditada a México. Luego todas las historias que se hilvanaron a su vida para después llegar a Chihuahua. La volví a ver. Solicité una visita que me concertaron sus abogados. El motivo era simple: sólo verla, saber que estaba bien. La situación se prestó, las circunstancias estaban de mi parte, y el encuentro se dio más rápido de lo que pensé.

Era marzo de 2003. Viajé en avión a Chihuahua el sábado 22 por la tarde para estar puntual en la cita de las once de la mañana del domingo 23. Esto nadie lo supo; hoy, usted se está enterando de este mi segundo encuentro con Gloria.

Llegué en taxi con un amigo en común, Vilo Arias (q.e.p.d.), crítico de música, al que me encontré por casualidad en el hotel donde me hospedé. Me quedé unos segundos observando el penal, un edificio lóbrego en el que los reos generalmente no reciben visitas de amigos, sólo de los involucrados en algún juicio o delito. Cada uno entró por el lugar que correspondía, hombres y mujeres. Pasé a un cuarto pequeño con rejas de un lado y del otro; me esperaba una custodia que me revisó lo indispensable y que hasta con bolsa me dejó pasar. La recuerdo muy bien. Vilo y yo nos topamos a la salida de la revisión. De ahí al cuarto de costura, no al de visitas. Los telones habían cambiado por retazos de tela, no había reflectores, sólo un poco de luz natural, suficiente para verla sentada en un banco a un lado de la máquina de coser. Estaba comiendo unos burritos de carne de res que un familiar le había llevado para darse un banquete.

Nos vio, se levantó, se limpió manos y boca con una servilleta y fue hasta donde estábamos. Su sonrisa era de agradecimiento. Con un largo, fuerte abrazo y un beso en la mejilla, nos dijimos lo que las palabras no alcanzaban a expresar. Las lágrimas rodaron y rodaron.

Sólo hubo el necesario entendimiento entre dos mujeres cuando se habla de un amor fallido, de la capacidad de amar al ser equivocado y aferrarse a él a pesar de todos los embates, de las jugadas sucias, de la traición. En seguida, Gloria llamó a Ángel Gabriel, el pequeño que entonces empezaba a caminar. Llegó de la mano de una de las muchas amigas que hizo en la cárcel. Estaba perfectamente vestido y oliendo a inocencia, a limpio. Al tenerlo en mis brazos me devolvió la tranquilidad que había perdido con el sobresalto de ver a su mamá en ese lugar.

Nos ofreció asiento. Le entregué un regalo para su hijo. Comenzamos a platicar lo indispensable, lo que el dolor permitía decir.

238 | *Mi encuentro con los grandes... Gloria Trevi*

Me impresionó observarla en forma, luciendo la misma figura escultural con la que la conocí. Vestía un pantalón azul claro y una blusa del mismo tono; la cabellera igual de larga y bien cuidada, y unos zapatos altos que espigaban más su estructura. Su maquillaje era sencillo, pero cuidadosamente femenino. El uniforme, por lo menos el domingo, nadie lo usaba.

En algún momento llamó a su hijo, le abrió los brazos. Él, con pasos atropellados, corrió con su madre. Ella lo cargó con un amor definitivo, total.

Me pidió unos minutos, se levantó y se metió con Vilo Arias a otro cuarto. Desde ahí la escuché cantar. El eco de su voz estremecía las paredes del edificio, las del alma: ahí descubrí a Gloria Trevi la intérprete, no sólo la cantante, con la madurez que había alcanzado.

La visita duró el tiempo reglamentario. Debía marcharme, pero no quería, y hasta hoy no sé por qué. La despedida fue igual que la bienvenida, pero con más emoción, la del hasta luego.

Me quité una cadena de la que pendía una medalla de la Virgen de Guadalupe y la puse en sus manos. El sollozo apenas me permitió decirle:

—La próxima vez que nos veamos será allá afuera...

Y así fue. El cielo nos lo concedió. Gloria Trevi salió en libertad el 21 de septiembre de 2004, y al toparse con la prensa observé que la medalla descansaba en su pecho, muy cerca de su corazón.

Y como quedamos, la siguiente cita fue en su compañía disquera. Era un encuentro para el programa *Tras la verdad*. La primera entrevista fue para mí. Nos miramos, nos abrazamos, y en ese momento, las lágrimas ya fueron de alegría, de triunfo.

GT: Gracias por el chance que me dan de poder platicar con toda la raza, con toda la gente que quiero tanto y que extrañé durante tantísimo tiempo...

Ella volvió a lo suyo, a su música, a sus canciones, al mundo que realmente le pertenece. Fue madre nuevamente y está viviendo otra etapa al lado de su esposo Armando Gómez. Fue madre de otro varón. Podría decirse que la plenitud ha llegado como recompensa a las lecciones del pasado, las que suavizará el tiempo, pero que no habrán de borrarse por completo.

GT: Mis hijitos son producto de un gran amor; mi hija Ana era producto de un gran amor entre un hombre y una mujer, era una bebé muy deseada y muy esperada. Mi hijo Ángel, no me hagas llorar, nació en medio de la desesperación y el deseo de ser madre. En medio de un problema tan grande, llegó una bendición tan iluminada que yo sé que todas las madres del mundo aman a sus hijos, pero yo en mi corazón creo que mi hijo es el hijo más amado del mundo, el más amado del mundo, no hay nada, nada, nada que yo no hiciera por él…

Sorteando dimes y diretes, Gloria Trevi regresó contra viento y marea a lo que siempre fue suyo.

GT: Lógico que salgo de una situación peor que pobre, con un chorro de deudas y con ésta. Yo antes decía: "Bueno, pues si no tengo dinero, sale, alguien me va a regalar un plato de frijoles, ni modo que no. Toco una puerta y alguien se va a tocar el corazón". Pero ya teniendo un hijo… yo le quiero dar lo mejor a mi hijo. Si quiero tener a mi madre, devolverle cada lágrima en dichas y lujos, entonces de repente yo necesito también ganar dinero, pagar deudas, muchas cosas…

Seis años después, la paz, la tranquilidad. *Como nace el universo* fue el título del disco que la puso de nuevo a circular en el mundo de la música pop.

GT: Este mundo siempre ha sido medio raro para mí; es un mundo que, lógicamente, cuando yo era chiquita pues soñaba con él, pero yo lo imaginaba de otra manera. La mayoría de la gente ha sido muy buena conmigo, así que yo llego y me ven con alegría, me dan un abrazo y me dicen: "Qué bueno que ya estás aquí otra vez con nosotros". A veces me entero de cosas que dicen y que no tienen de veras fundamento respecto al trabajo que estoy realizando, porque yo sé lo que estoy haciendo. Pero muchas veces hay gente que tiene posibilidad de dar notas en la televisión, pero pueden tener intereses con otras artistas y me ven un poquito como amenaza, cuando yo pienso que para todos hay chamba...

Gloria Trevi se levantó como la espuma. Entre sus reflexiones siempre está el lugar que dejó y que regresó para recuperarlo.

GT: Todos tenemos nuestro espacio en este mundo; mi espacio se quedó vacío y yo siento que no vengo a recuperarlo porque ahí está. Siento que lo que hice en su momento dejó una huella bonita en la gente y vengo a seguir cumpliendo con la misión que creo tener en la vida: en este momento, divertir a la gente, ayudarla a expresar y desahogar sentimientos, a decir las cosas que quieren decir, a decirlas bien fuerte para que todos las oigan; es lo que yo siento ahorita. No quiero ser otra, porque de repente hay gente que dice: "Gloria Trevi no es la misma", y otros que dicen: "Ah, es la misma de siempre". Pero ni soy la misma, ni soy lo mismo de siempre. Yo no me avergüenzo de la chava que fui, la mujer que fui, porque es parte de lo que yo soy ahora. No puedo evitar la voz que tengo ni quiero cambiarla, porque con ella nací, y el que me quiera, que me quiera como soy...

Ahora veo a Gloria Trevi con más frecuencia. Los mensajes o las llamadas en ocasiones especiales son mutuas y constantes.

Especialmente cuando le llamé para invitarla como testigo de mi boda, y después ella para que fuéramos padrinos, mi esposo y yo, de una de las lecturas en su boda religiosa. Hemos compartido más que trabajo: momentos íntimos de felicidad.

Hoy no podríamos hablar nada más de amistad: hay una hermandad elegida de común acuerdo. Para ella, mi respeto, admiración y cariño.

Una madre soltera sabe si da o no el nombre del padre biológico, del engendrador, de un esperma. Y siempre vamos a tomar la decisión con base en lo que sea mejor para nuestros hijos. ¿Quién me ha ayudado a mantenerlo?...

GLORIA TREVI

Carlos Santana

"Yo soy la aspiración de muchos latinos de lengua hispana, no nada más mexicanos. Lo que ellos quisieran hacer, lo estoy haciendo yo..."

Ficha técnica

Nombre real: Carlos Augusto Santana Alves.

Lugar de nacimiento: Autlán de Navarro, Jalisco, México (nacionalizado norteamericano).

Fecha de nacimiento: 20 de julio de 1947.

Matrimonio: Deborah King (divorciados, 1973-2007).

Hijos: Salvador, Stella y Angélica.

Profesiones: Guitarrista de blues-rock y jazz-rock, bajista y compositor.

Dificultades: Cuando se fue a vivir a los Estados Unidos, con la educación que recibió en México ya estaba listo para la universidad. Pero por no saber inglés le negaron el ingreso y le dijeron que tendría que repetir la mayoría de sus estudios.

En 1971, de cabello muy largo y camisa abierta, caminó por la pista de aterrizaje del aeropuerto internacional de

Lima. Dos días después, por decisión del general Juan Velasco Alvarado, su concierto fue cancelado y él obligado a abandonar el país tras haber sido clasificado de "*hippie* imperialista".

Se divorció en 2007, después de 34 años de matrimonio con Deborah King.

Debut: En 1969, con su grupo Santana en el Festival de Woodstock.

Primer éxito: "Oye cómo va" (1970).

Discos: Ha grabado 44 discos. *Supernatural* (1999) logró nueve premios Grammy; el más reciente: *The Father, Son and the Holy Ghost* (2008).

Idiomas: Inglés y español.

Colaboraciones: Dido, Seal, Macy Gray, POD, Plácido Domingo, Chad Kroeger de Nickelback y Michelle Branch, John Lee Hooker, Willie Nelson, Herbie Hancock, Booker T. Jones, Wayne Shorter, Ron Carter, The Fabulous Thunderbirds, Maná, Eric Clapton, Steven Tyler, Michelle Branco, Joss Stone, los Lonely Boys, Big Boi (de Outkast), Sean Paul y Black Eyed Peas.

Él es así: un ser amable con la vida, agradecido por tenerla y que sabe que sólo se pasa una vez por este camino. Mi primer encuentro con él se dio en diciembre de 1999. Después, en abril de 2005. Su personalidad no experimentó variaciones entre esos años. Siempre es el mismo.

Los dos encuentros fueron en hoteles de la ciudad de México. En el primero, Santana entró al lugar vestido con un pantalón negro de tela delgada, una camisola también negra con motivos religiosos en los que predominaba el azul; los zapatos eran estilo chino, de moda en la década de los setenta. Por supuesto, sin calcetines y con su inconfundible boina, entonces negra con detalles amarillos y naranjas, una de tantas que cubren la carencia de cabello.

Había dos sillas separadas por una pequeña mesa estilo bar y la cámara. Entró el músico mexicano y personas de la compañía disquera nos presentaron. Le pregunté lo de costumbre: "¿Qué lado prefiere?" Santana respondió: "Me da lo mismo". Lo único que pidió fue que acercara mi silla a la de él, para conversar con mayor intimidad; ningúna petición más.

El segundo encuentro fue exactamente igual, sólo cambiamos de silla. Él vestía pantalón azul y verde, camiseta blanca, boina café y una cruz de plata en el cuello.

Devoto de la Virgen de Guadalupe, pero enemigo de los sacrificios y mandas dolorosas, Carlos Santana es un hombre sencillo, lleno de vida, serio, respetuoso y amable. Sonríe poco, y me parece que ahora menos. Su divorcio, luego de más de tres décadas de matrimonio, le entristeció el corazón. Deborah, su "Chocolata", escribió sus memorias y dejó al descubierto la infidelidad del músico; diferencias irreconciliables, el perdón no fue suficiente.

Así hablaba de su "Magia Negra", a quien conoció en 1963 y con quien vivió en el mismo lugar donde la miró a los ojos por primera vez:

CS: A la primera persona, Mara, a la que yo siempre trato de honrar es a mi esposa, mi Chocolata. Ella es de San Francisco, es negra, es mulata; más que mulata es negra, bien chocolatada. Tenemos hijos de Nescafé y caramelos… Los chicos son tres: Salvador de 26, Stella de 24 y Angélica de 19.

De su intimidad se sabe poco, lo que ha comentado en su momento. Razones, varias.

CS: Mi vida es muy sencilla, por eso no me ves en programas de televisión, entre chismes y basura, porque yo no soy basura, yo tengo clase, gracias a Dios. Nací en un pueblo muy chiquito y nacimos pobres, pero no soy basura, Mara, no me considero basura, y tengo mucha responsabilidad de que lo que salga de mi boca no sea basura, pero sí algo que pueda ayudar a la gente, a que aspiren y puedan lograr cien veces lo que he logrado, sí se puede…

Sin embargo, cuando se filtró un trueno sobre su infancia, Carlos Santana no dudó en responderme:

CS: Yo he hablado mucho de eso, lo único que digo es que ya me curé, ya acepté que lo que me pasó no es lo que soy. Invité a mujeres y hombres que han sido violados para que se vean a los ojos en el espejo y digan: "Nadie me manchó la inocencia". Yo hablé de que a mí me habían violado cuando estaba joven, para invitar a que otros hombres y mujeres buscaran una oportunidad de ir a terapia psicológica y ya estás limpio. Por eso hablé, porque Dios y los Ángeles me lo pidieron: "Te damos mucho, Santana; queremos que hables de esto porque va a beneficiar a mucha gente". Por eso hablé, para invitar a la gente que ha tenido esa mala experiencia, a que se suban más elevados a su conciencia y hagan a un lado esa experiencia y no la carguen como cargar un cadáver por dondequiera que van; suéltalo, córtalo, se acabó…

Fue impactante escucharlo hablar: lo decía con tanto sentimiento, como si lo estuviera reviviendo. Platicar con él es tomarse de la mano con personajes legendarios, caminar entre los jóvenes de Woodstock, o respirar el aire de Autlán, Jalisco.

CS: Mira, hay gente que vive en la luz y gente que vive en la sombra. No a todos los mexicanos les gusta el pozole, el atole y vestirse de charros, y no quieren decir que son mexicanos. Yo soy mexicano; nunca me he presentado borracho, nada más tengo una esposa, tomo un poquito de tequila, pero nunca me presento borracho, siempre represento a México con dignidad y respeto; no me tengo que vestir de charro para decir que soy de México, pero soy de México, nunca lo niego. A mí me gusta romper los estereotipos…

Armonioso para hablar y sin ver a los ojos, amante del chicle y del puro, este hombre alto y delgado abordó también el tema de Fundación Milagro, organización que crearon Deborah, su ex esposa, y él, para la educación, la atención médica y las necesidades de los niños de todo el mundo.

Apasionado de la fe, la meditación y de esos seres divinos que sostienen el contacto entre el cielo y la tierra, los Ángeles, Car-los Santana se mantiene firme en sus convicciones, en sus creencias.

CS: Yo no vengo a México a vender cedés; desde que vengo a México yo nunca dije: "Cómprenme esto, cómprenme el otro". Yo no soy vendedor: si lo compran y les gusta, bueno; si no, está bien. Pero si vengo a México es porque considero que soy un pellizco de luz, no un pellizco que magulla, sino un pellizco que despierta para tus oportunidades. Lo que a mí me ha dado Dios, yo sé que a ustedes se los puede dar mil veces, pero ustedes deben tener la misma frecuencia que yo tengo, como en la radio, tienes que cambiar la frecuencia hasta que te agarre y esté en el centro de tu corazón...

Sincero y con la transparencia que da la autenticidad, Carlos Santana, nacido en 1947, habló del "Farol", su padre (un hombre muy musical con quien trabajó en 1983 en la grabación de uno de sus discos), y de su vida en Tijuana en la colonia Libertad, palabra que les costó trabajo entender a sus seguidores en Miami en aquella presentación de 2005.

CS: El papa fue a Cuba y se dio un abrazo con Castro. ¿Se sienten ellos igual al papa? Entonces me importa pura madre lo que la gente piense. Yo, cuando veo gente hablar así, digo: "Esa gente se ahoga en un vaso de agua". Respeto al *Che* Guevara, igual que a Emiliano Zapata, igual que a Jerónimo; todos los países de Latinoamérica siempre tuvieron un revolucionario que tuvo que hacer lo que hizo, desafortunadamente, para darles voz a los invisibles...

Evolucionado, inteligente, orgulloso, recuerda su niñez...

CS: El sabor de los nanches, los arrayanes, los guamuchis, la guayaba, la música de Toña *la Negra*, Pedro Infante, los xochimilcas, los indios tarahumaras. También Pedro Vargas y, más importante que todos, Agustín Lara, un compositor increíble. Ésa era la música que interpretaba mi papá. Los tamales, los colores, los cohetes, quemar a Judas, el bautismo... tantas cosas que mi madre trató, pero yo creo que no logró convencerme de ser católico. Yo no soy católico; yo creo en Jesucristo y respeto a Jesucristo y a la Virgen María, a la Virgen de Guadalupe, pero no creo en organizaciones. Lo que más recuerdo de México es el sentimiento de gente muy noble, la gente de México ofrece su corazón inmediatamente. Me encanta cómo los inditos hablan náhuatl, huichol, tarahumara. Si tú estás en otro cuarto y los oyes hablar, se oyen como japoneses; también porque venimos de la misma semilla. Yo me acuerdo de muchas cosas positivas de México, muchísimas, lo que pasa es que después pasé de 1955 a 1961 en Tijuana, y ahí es otra cosa. Después, en 1963, me pasé a San Francisco, así que yo tengo la ventaja de tener como una casa con tres ventanas muy grandes, no nada más una...

Me sorprendió en la primera entrevista. Duró casi una hora. Nos despedimos de mano cordialmente, y cuando vino el momento de la foto, Carlos Santana me abrazó con calidez y sonrió para una cámara espontánea. ¡Jamás lo hubiera imaginado!

En la segunda charla, amablemente se despidió agradeciendo el respeto a su celebridad.

En las últimas dos premiaciones en que ha recibido un Grammy y un Billboard, Carlos Santana dedicó los galardones al espíritu de José Santana, su papá, a sus seis hermanos y a sus tres hijos, guardando el doloroso secreto de la separación.

Y aunque nunca se acordó de México, por lo que enfrentó a la crítica, estoy segura de que Santana no olvida que por sus venas corre sangre mexicana.

El que molesta y el que friega más al mexicano en Estados Unidos, desafortunadamente, es el mexicano...

CARLOS SANTANA

Raúl Velasco

"La carga de humildad que adquieres cuando vienes de los estratos bajos de nuestro pueblo es algo que te ayuda mucho a comunicarte con la gran mayoría de los seres humanos..."

Ficha técnica

Nombre real: Raúl Velasco Ramírez.

Lugar de nacimiento: Celaya, Guanajuato.

Fecha de nacimiento: 24 de abril de 1933.

Fecha de fallecimiento: 26 de noviembre de 2006.

Primer matrimonio: Hortensia Ruiz (divorciados).

Hijos: Raúl, Claudia y Arturo.

Segundo matrimonio: Dorle Klolow, alemana.

Hijos: Diego y Karina.

Profesiones: Office boy, chofer, vendedor, contador, empleado bancario, conductor de televisión, productor y periodista.

Dificultades: Fue operado para instalarle una válvula en el corazón. En 1997 se le diagnosticó hepatitis C.

En 1998 tuvo que someterse a un trasplante de hígado, por lo que el programa *Siempre en domingo* salió del aire.

Inicios: En 1953 llegó a la ciudad de México para trabajar en la revista *Novelas de la Radio*, después en *Cine Universal*, *Cine Novelas* y *Cine Álbum*.

Se inició como conductor en Televisión Independiente de México (TIM), con los programas *Media noche* y *Domingos espectaculares*.

En 1965 fue seleccionado para dirigir la sección de espectáculos del *Heraldo de México*.

Éxito: Del 13 de diciembre de 1969 al 18 de abril de 1998 se transmitió el programa de variedades musicales de mayor tradición en México: *Siempre en domingo*.

Apadrinó a varias celebridades: Ricky Martin, Chayanne, Gloria Trevi, Alejandra Guzmán, Onda Vaselina, Vicente Fernández, Alejandro Fernández, Luis Miguel, Thalía, Paulina Rubio, Benny Ibarra, Los Temerarios, Juan Gabriel, Pandora, Flans, Yuri, Emmanuel, Lucero, Mijares, Erick Rubín, Tatiana, Eduardo Capetillo, Marco Antonio Solís, Pedro Fernández, Bronco, Denisse de Kalafe, Ana Gabriel, José José, Amanda Miguel, Diego Verdaguer, Fresas con Crema, Timbiriche, Maná, Caifanes, Fey, Julio Iglesias, Queta Jiménez *la Prieta Linda*, Rosario de Alba, la Baladista de América, José María Napoleón, Lucía Méndez, Beatriz Adriana, Jorge Muñiz, Cristian Castro, Los Bukis, Irán Castillo, entre otras.

Impulsó las carreras de algunos artistas. como: Miguel Bosé, Lola Beltrán, Johnny Laboriel, César Costa, Camilo Sesto, Parchís, Menudo, Mecano, Gloria Estefan, Celia Cruz, Rocío Dúrcal, Enrique Guzmán, Rocío Jurado, Angélica María, Enrique Iglesias, Soda Stereo, Alaska y Dinarama, Los Prisioneros, Kenny y los Eléctricos, Raphael, Chico Che y la Crisis.

Películas: *Patsy, mi amor* (1969), *Trampa para un cadáver* (1969), *Sin fortuna* (1980), *Siempre en domingo* (1984).

Libros: **Mi rostro oculto**, *Vibraciones cósmicas* (1998), *Reflexiones* (2002).

La ilusión de cualquier reportero es conocer y saber más de todas aquellas personalidades ligadas con nuestra carrera. Tuve la fortuna de que, a pesar de querer dedicarme a la información general, pude conocer a las figuras de las noticias y, además, estar cerca de los líderes del espectáculo nacional e internacional.

Siempre en domingo fue un programa que no me perdía. Primero, porque en casa mis padres lo sintonizaban, pero después por propio gusto. Me encantaba ver a los artistas y sobre todo escuchar su música. Y como en el programa se presentaban las máximas figuras de la canción, pues no me perdía ninguna emisión.

Con más conciencia de mi oficio, aprendí a observar a Raúl Velasco de otra forma, como conductor, periodista, entrevistador, y con el tiempo admiré su labor e impacto en la televisión.

Nunca trabajé para él. Me hizo saber la razón: "Yo hice conductoras, no periodistas". Me quedó claro.

Gracias a la cercanía de Luis Mario Santoscoy, mi jefe, con Raúl Velasco, pude entrevistarlo en varias ocasiones. Una vez en su oficina y otra, que se me quedó muy grabada, en su casa.

Era una entrevista larga para *Tras la verdad*, programa de Televisa Espectáculos. Evidentemente no fue difícil conseguirla, lo único que no cuadraba eran los tiempos. Él pasaba largas temporadas en Miami, Florida, y en Acapulco, Guerrero, cuando se ausentó de la televisión por un mal hepático que lo llevó a hacerse un trasplante.

Por fin pudimos concertar la cita. Llegué a su casa un martes por la tarde. Vivía en un departamento al norte de la ciudad, en Polanco. Dorle, su esposa, me abrió la puerta. Me recibió con una sonrisa y amablemente me invitó a pasar a la sala. El piso y las paredes blancas hacían que el lugar se viera amplio, limpio. La decoración era mesurada, muebles estilo provenzal, mezclados con adornos modernos.

Mi compañero camarógrafo comenzó a hacer la instalación de la cámara y a mover algunos muebles para que dos sillones individuales quedaran frente a frente. En ese momento salió Raúl Velasco de una habitación. Tenía puesta una camisa de seda azul rey y un pantalón azul marino. Sus zapatos, perfectamente lustrados, eran negros. Qué señor más sencillo, nunca olvidó sus raíces humildes. Me dio la bienvenida a su casa y nos quedamos de pie platicando de su salud. Le pidió a su esposa un vaso de refresco de cola y me dijo:

RV: ¿Vas a creer que desde que me trasplantaron el hígado me gusta la Coca-Cola?

MP: ¿Y eso por qué, señor?

RV: Porque el hígado tiene memoria y al doctor que lo tenía le gustaba mucho; entonces me tomo mi refresco a diario.

Tomó su refresco y lo colocó en una mesa que le había puesto el camarógrafo a un lado del sillón, en el que se sentó para hacer la entrevista. Me senté también y comenzamos con una charla inolvidable.

MP: Señor Velasco, gracias por recibirnos aquí en su casa.

RV: Al contrario, Mara, ésta es la casa de todos nuestros amigos televidentes; desde luego, la casa tuya y de tus compañeros.

MP: Yo, feliz de estar con usted. La vida no me dio la oportunidad de trabajar con usted directamente, pero me da la oportunidad de conocerlo muy de cerca, de darme cuenta de que Raúl Velasco sigue siendo Raúl Velasco, el que llegó a la capital y empezó a crecer en el periodismo, el que desarrolló un oficio que ya traía por naturaleza.

RV: Yo creo que la carga de humildad que adquieres cuando vienes de los estratos bajos de nuestro pueblo, es algo que te ayuda mucho a comunicarte con la gran mayoría de los seres humanos. Porque si no llegas con una dosis de humildad muy grande, este negocio, las camaritas, lo hace a uno perder el equilibrio, sentirse uno muy importante y ver a los demás menos, y eso es muy grave porque rompe la comunicación y no permite que uno realice el trabajo con la honestidad y con la verdad con que debe uno hacerlo...

MP: ¿Y en algún momento las cámaras lo movieron de lugar, lo hicieron sentir de otra manera?

RV: Fíjate que no. Yo pienso que parte del éxito que yo tuve fue mi autenticidad, porque hablaba las cosas tal como las sentía y decía lo que me salía del corazón. Entonces, muchas veces me metía en problemas, pero valió la pena porque la gente, acostumbrada a tratar con políticos y con tanta falsedad, entonces les gustaba ver a un cuate que le decía al pan pan y al vino vino, y los compañeros artistas igual. Estaban recordando mis compañeros de trabajo. Arturo, mi hijo, que trabajó conmigo en producción, dice: "Papá, es que tú cuando llamabas a un artista a tu camerino, no lo insultabas ni lo agredías, sino simplemente le decías: 'Mira, la estás regando por esto y esto y esto y esto y esto, y no te lo debería decir porque vas a decir que qué me importa, pero sí me importa porque te quiero'". Eso fue lo que me granjeó tantos amigos en el medio artístico...

Cruzado de piernas y moviendo las manos al ritmo de sus palabras, su rostro se iluminaba con los recuerdos, como si los estuviera viviendo en ese momento. Su capacidad de comunicación era total.

MP: Raúl Velasco tiene muchos amigos en el medio, amigos cantantes, grandes figuras, presidentes. ¿Cómo se establece este vínculo con Raúl Velasco el periodista, el hombre?

RV: Pues ahora sí, como tu programa, la verdad es que la gente va tras la verdad. Entonces los presidentes, como tú los mencionas, pues quieren hablar con alguien de a de veras. Te pongo un ejemplo: cuando fui a Paraguay con el programa, ya nos íbamos y de repente llegó un comandante del ejército: "Oiga, mi general Stroessner quiere hablar con usted". Le dije que mi avión salía en media hora y me tenía que ir. "Se iba", me dijo. "¿Cómo que se iba?" "Sí, tengo órdenes de llevarlo y de detener el avión hasta que usted llegue." "Óigame, es que a mí no me gusta hacer eso." "Sí, pero no es cosa de usted, es cosa del presidente." Entonces me trepó al coche y me llevó al Palacio de Gobierno en

Asunción y me presentó al general Stroessner. Pero me advirtió: "No le dé la mano al general porque tiene una enfermedad de tanto darle la mano a toda la gente y no le gusta que lo toquen". "Qué tal, señor general, ¿cómo está?" Estiró el brazo y me dio un apretón de manos: "Siéntese, vamos a platicar porque su país y el mío tienen mucho en común". Le respondí que me había dado cuenta al ver a la gente de su pueblo. "No, no, no; aquí tenemos el partido colorado y ustedes tienen al PRI, son partidos semejantes, tienen todos los años en el poder." "Sí, mi general, nada más que la diferencia está en que en México cambiamos de presidente cada seis años y aquí todavía está usted." Imagínate, los que estaban alrededor decían: "Me quiero morir, quién le habla así al general Stroessner", pues el francote de Raúl Velasco. Pero ahí se acabó la franqueza; se levantó y dijo: "Bueno, es todo lo que tenemos que hablar; no vaya a perder usted su avión, mucho gusto y hasta luego". Me corrió, llegué, me subí a mi avión, me fui a Argentina y ahí terminó esa anécdota...

Fascinado, siguió platicándome sus anécdotas. Hubo una en especial que me llamó la atención.

MP: ¿Por qué lo extrañan tanto los artistas?

RV: Se les trataba con amor, Mara, con respeto. Te voy a poner un ejemplo porque hechos son amores y no buenas razones. En el último Festival Acapulco habíamos puesto a todos los famosos nacionales e internacionales que hablaban inglés, que hablaban español, y me faltaba Juan Gabriel. Yo sentía en el fondo de mí que ése iba a ser mi último Festival Acapulco, por alguna circunstancia. Creo que ya mi enfermedad me estaba avisando adentro que: "aguas, ya no das para más". Entonces, fue a actuar en esa ocasión Rocío Dúrcal, que acababa de grabar un disco a dueto con Juan Gabriel. Y fue Juan Gabriel a verla al hotel.

Yo hablé con él porque estaba sentido, de esas veces que no sabes ni por qué. Pues que no lo trataban bien en la empresa, que no le pagaban lo que quería; nunca hablábamos de sueldo con ellos porque todo era un intercambio, ellos actuaban y nosotros los poníamos en la pantalla, en los programas que muchísima gente veía. De pagar a todos los artistas que teníamos, ahí no hubiera alcanzado ningún dinero, ni el de Televisa, que es una empresa muy poderosa. Entonces le dije: "Mira, Alberto (porque yo siempre le he dicho por su nombre desde que comenzó conmigo en el programa), yo nunca te he pedido nada y creo que te he dado mucho, porque recuerda que yo te apoyé cuando tú eras nadie; estabas en el programa y te agredían por ser homosexual y yo salí, di la cara y dije: 'Yo no lo tengo al señor aquí por su sexualidad o su preferencia sexual, sino por su talento musical, es un gran compositor y un gran intérprete, así que lo van a ver en *Siempre en domingo* mientras conserve ese talento'". Entre otras cosas dije eso: "Entonces, ven al Festival Acapulco y hazme un tema con Rocío de los duetos que estás haciendo". Y respondió: "Mire, señor Velasco, nunca me había hablado así, ya me sacó las lágrimas". Le dije: "Pues yo también estoy llorando, porque me tragué mi orgullo para pedirte un favor de ese tamaño; hazlo por el público, al público le va a dar mucho gusto verte en la casa que te vio nacer". Dice: "Hecho, le hago dos temas; okey". Hizo 12: ya cuando estaba en el escenario, ¡y otro, y ahora ésta y ahora ésta!, y el público, loco con él. Cantó con Rocío, fue una despedida inolvidable para mí poner a alguien con el que había comenzado...

La plática duró más de una hora, y cuando creí conveniente terminé la entrevista. Una cosa es tener libertad y otra aprovecharse.

MP: ¿Qué es lo que no le perdonaría el periodismo de Raúl Velasco al periodismo actual?

RV: Mira, yo ya aprendí a perdonar todo, Mara; lo que busco es no contaminarme porque no es el tipo de cosas que me gusta hacer a mí. El otro día vi un programa de Jacobo que tú le hiciste y me tocó verlo en Miami. Es un señor: a quiénes ha entrevistado, la forma en que da las noticias, con mucha precisión, sintetizando, ha recorrido el mundo, ha visto al hombre llegar a la Luna. Ya después de eso, qué nos queda a nosotros. Entonces, ése es el tipo de periodismo que me gusta; el que no me gusta pues yo creo que compartimos opinión con muchas personas del auditorio que nos están viendo.

MP: ¿Cómo definiría el éxito, qué es el éxito para Raúl Velasco?

RV: El éxito es una herramienta más para hacer las cosas con éxito.

MP: ¿Quién es Raúl Velasco hoy, cómo se define hoy?

RV: ¿Qué soy para ti, mamacita? —dice, refiriéndose a su esposa.

Dorle: Ay, mi amor, un hombre valiente, un hombre con éxito, un hombre con honor, un hombre trabajador que tiene un gran corazón.

RV: Te quiero. ¡Cómo no voy a estar enamorado de ella!

MP: Señor Velasco, ¿algo más que quiera agregar?

RV: Nada más, Mara, darte las gracias por esta conversación tan fluida, tan inteligente que me has permitido tener contigo y para el público televidente. Que sigan los éxitos en *Tras la verdad*.

Cuando terminó la entrevista, el matrimonio Velasco me invitó a pasar a la sala de televisión, repleta de reconocimientos. Nos sentamos los tres y me enseñaron un álbum de fotografías, que despertaron emociones y recuerdos. Qué momento tan agradable, una pareja tan sólida, tan sencilla, humanamente encantadora.

Terminó la plática, pero no la relación. El señor Velasco colaboraba para diferentes medios impresos. Escribió en una ocasión de mí, recorte que tengo en un marco colgado en mi oficina. Mantuvimos el contacto, algunas veces por teléfono y otras vía correo electrónico. Aún conservo una frase que me mandó relativa al periodismo que se hace hoy en día: "Sigue luchando a contra-corriente, nunca vas a pasar de moda; no lo olvides, lucha por lo que te gusta".

La última vez que vi a Raúl Velasco fue la tarde en que se grabó su homenaje en el puerto de Acapulco, en octubre de 2006. La transmisión del programa fue el domingo 26 de noviembre, justo el día que murió. ¡Extraña coincidencia!

Escribo y se me arruga el corazón. Cuando lo vi por última vez no me reconoció, ya no estaba en condiciones. Sin embargo, tengo su rostro grabado en mi mente y sus lecciones en mi corazón. Hasta pronto, don Raúl.

Si uno trata de resolver un problema irresoluble, ni lo resuelves y te angustias y te mueres antes. En cambio, Dios mío, estoy en tus manos, hágase tu voluntad, si me vas a dejar nada más hazme saber que te voy a seguir sirviendo aquí...

RAÚL VELASCO

Alejandra Guzmán

*"Ojalá y toda la gente vea que los artistas
también somos humanos y no juzgue por juzgar.
Uno apunta el dedo pero lo que uno juzga es lo que
uno no tiene o uno quiere y no puede tener.
Hay que ver más dentro que fuera..."*

Ficha técnica

Nombre real: **Alejandra Gabriela Guzmán Pinal.**

Lugar de nacimiento: **Ciudad de México.**

Fecha de nacimiento: **9 de febrero de 1968.**

Padres: **Enrique Guzmán y Silvia Pinal.**

Hermanos: **Sylvia Pasquel (media hermana).**
Luis Enrique Guzmán Pinal.

Matrimonio: **Farell Goodman (26 de febrero de 1998, divorciados el mismo año).**

Hija: **Frida Sofía Moctezuma Guzmán, nacida el 13 de marzo de 1992, producto de su relación con el empresario Pablo Moctezuma.**

Profesiones: **Corista, bailarina de jazz y ballet clásico, actriz y cantante.**

Dificultades: En 2007 le fue diagnosticado cáncer de mama. De inmediato se sometió a cirugía y el tumor fue extirpado.

En octubre de 2009, tras una mala práctica de cirugía estética, fue sometida de emergencia a otra operación para extraer una sustancia dañina en el área de los glúteos, situación que la puso al borde de la muerte.

Debut: A los dos meses de nacida, en el programa de televisión de sus padres, *Silvia y Enrique*.

Primer éxito: El tema "Bye, mamá", de 1988.

Discos: Ha grabado 14 discos de 1988 a 2009; el más reciente es *Único*.

Duetos: James Brown, Little Richard, Miguel Mateos y Enrique Guzmán.

Película: *Verano peligroso* (1991).

Telenovela: *Tiempo de amar* (1987).

Han sido varios y diversos mis encuentros profesionales con la Guzmán. Sin embargo, los tres últimos resultaron por demás emotivos, lejos del brillo de la estrella, entre telones de temas escabrosos y oscuros para una artista que, como ella, nació con la fama a un lado. Alejandra Guzmán Pinal es una guerrera que día a día lucha por encontrar la paz interior, en medio del turbulento mundo del espectáculo.

La disquera y el representante de la "Diva del Rock" solicitaron en tres ocasiones que fuera yo quien hiciera las entrevistas en distintas situaciones, las tres difíciles, las tres complicadas. En una hablamos del cáncer de seno que la mantuvo inactiva; en otra, de la salud de su hija Frida Sofía cuando fue internada, y una más sobre la infección provocada por una inyección para embellecerle las pompas. Todos temas que la colocaron en los principales titulares de la prensa de espectáculos, mediante información filtrada a los medios, mas no por la cantante.

Por lo complejo de los temas, antes de cada charla, he de confesarlo, siempre hubo cierta inquietud. Primero al imaginar su estado de ánimo, y después, cómo iba a reaccionar a cada cuestionamiento que, sin ser agresivo, podría sentirlo como tal.

A veces pienso que los reporteros somos también psicólogos porque debemos estudiar la personalidad de cada artista para que la entrevista fluya de manera correcta. Tuve buena suerte.

En la primera entrevista acerca del cáncer de seno, Alejandra lucía muy delgada. Tenía una blusa un poco escotada, mallas y zapatos altos. Los pies y las manos siempre impecables. Su mejor lado, según se conoce, es el derecho, y así estaban colocadas las cámaras rentadas por la compañía disquera (*junket*). Una se dirigía a ella y otra a Alejandra y a mí. Ella sólo se cambiaba de ropa y los reporteros nos íbamos turnando. Recuerdo que fuimos pocos medios, dos de Televisa y los demás de otras televisoras. La percibí sensible, tranquila, sí, pero expectante ante las preguntas. Ya estaba Alejandra en la habitación del hotel rentada especialmente para la ocasión, despidiendo a un compañero. Nos saludamos como siempre, con confianza, sin exagerar. Cuidadosamente comencé con la charla. Y ella, una mujer que secó su llanto, expresó su dolor sólo conmigo:

AG: No es lo mismo hablar de una enfermedad cuando ya la pasaste que cuando estás en medio de la tormenta, cuando te dice el doctor: "Tienes esto, y tú ya no lo escuchas; cuando ya pasó te das cuenta de tu suerte y de la cantidad de personas que sufren en grados distintos la misma enfermedad que tuviste por 48 horas. ¡Ay, es como una gran lección que te hace todavía más sensible, que te permite gozar cada momento lo bueno, lo malo, lo que venga, lo que me toque lo quiero, lo quiero vivir. Pero yo fui muy guerrera, muy fuerte, muy dura y radical. Yo le dije: "Yo el viernes me opero", y se dieron cuenta de esto que me sacaron. "Y mañana me quitas todo lo que veas mal y no te quiero volver a ver en mi vida." Tenía la opción de radiarme, pero no quería ni quiero ni querré. Me dijeron: "Estás siendo muy fuerte, muy radical", y yo dije: "A mí no me importa, así soy y así voy a ser siempre y creo que eso es lo que siempre, me ha sacado adelante de cualquier problema. Cuando he estado tocando fondo hay algo allí, un poder que me saca. Yo creo que es un ángel de la guarda; yo creo que es Dios, algo que existe en mí que me dice: "Ven acá, sube, sube, sube", y vuelvo a subir, vuelvo a respirar y vuelvo a vivir; pero no es lo mismo después… entonces, es una suerte que yo te lo pueda contar, porque hay mucha gente que no tiene la misma suerte, que no llega a tiempo, ya es demasiado tarde…

MP: Como tú dices, hay algo en Dios, hay algo en tu vida, un ángel a lo mejor, que te ha puesto ante los ojos de la gente como un ejemplo de fuerza. Nos hemos visto en otros momentos, cuando respirabas la vida a plenitud, y ahora encuentro a otra Alejandra Guzmán, en otra etapa de su vida, convertida en ejemplo admirable y centro de atención para el público, para las mujeres y los medios de comunicación…

AG: Pues mira, yo no quiero que me admiren sino que me comprendan. Cuando estuve en la fundación SIMA, que fue por unas horas pero estuve allí y empecé a cantarles una canción, hasta el final entendí por qué o para qué me pasó lo que me pasó, porque hay un por qué de las cosas, y en ese momento entendí que lo que yo debía hacer era cantarles eso para que se sintieran libres de alguna manera, y allí fue donde yo comprendí. Es cuando dices: "Por eso pasó todo, para que yo también vea colores en la vida que antes no veía". Por eso alguna vez me quise embarazar; quería tener un hijo porque en mi familia todas las Pinal tenían un hijo, y todas chavitas, y yo ya 23, 24 años y nada. Y cuando me embaracé realmente dije: "¿Ahora qué hago?", jajaja, "se van a morir todos"…

La plática terminó, nos despedimos, salí del hotel con ánimo. Sus palabras se habían convertido en lecciones de superación. Una mujer fuerte que sólo detiene su camino para darse un respiro, pero que espera el nuevo encontronazo con la vida, la siguiente prueba que el destino le tiene preparada. Como ella dice, algunas veces es una mariposa, otras una pantera, o bien un rinoceronte.

Pasó el tiempo y de nuevo la polémica: la salud de su hija Frida Sofía se vio amenazada por la ingestión de sustancias inapropiadas para una joven de su edad. El tema nuevamente la colocó en los titulares de la prensa de espectáculos.

La cita fue en sus oficinas. Sólo dos medios fuimos citados: Paty Chapoy de TV Azteca y yo por Televisa. Nos instalaron en oficinas diferentes. Esperé mi turno. Frida Sofía estaba ahí. Como llevaba cámara de la empresa, por un momento pensé en grabarla. Recapacité. No se puede defraudar la confianza del entrevistado. Eso jamás. A los pocos minutos, Alejandra Guzmán entraba en la habitación en que estábamos. Habíamos colocado la cámara de su lado. Estaba vestida con un batón de colores, mallas y zapatos muy altos de muy buen gusto. Perfectamente maquillada y con un semblante sereno. Me quedé más tranquila. Me saludó muy cariñosa y muy bromista. Una actitud de aceptación ante lo que estaba ocurriendo con su hija. Nuevamente me sentí nerviosa por el tipo de preguntas. Fue una entrevista sincera y en calma.

MP: Sabemos que esto no es nada fácil para ti ni para nosotros como reporteros: acercarnos a un artista cuando suceden estas cosas.

AG: Yo quería hablar y es la primera y la última vez que voy a hablar de este tema; es muy personal, pero en realidad lo estoy tomando como una oportunidad de vida, una oportunidad para acercarme a mi hija, para ser honesta, para darle la mano, para protegerla. Si tú hablas de una sobredosis, para mí es tomarte una copa de más e irte a vomitar, eso es una sobredosis, ¿no?, ya empezando por ahí. Cuando yo tenía 16 años, ¡uy!, yo creo que todos cuando somos jóvenes tenemos la inconsciencia, esas ganas de probar, de saber, de vivir y de deshacer, porque para eso eres joven, o sea, malo si no lo hiciera. Ella ha aprendido de las consecuencias, las consecuencias fueron muy fuertes... Yo... la gente ya sabe que yo he estado en recuperación no una vez ni dos veces, pero sí es un mantenimiento... Yo me fui por decisión propia, porque hace un año exactamente, en agosto 10, pasó lo del cáncer, pues yo empecé a no estar con esa fortaleza, no me sentía como me sentí durante cuatro años, y veo esos frutos, oigo las canciones que hice y pues ahí está, ¿no? Ahí está lo que yo hago con mis emociones, con mi trabajo; pero por eso, cuando decidí hacerlo lo hice con ayuda profesional, y en lugar de criticarlo deberían ver que es un acto de amor, es un acto de guerreros, de aceptar las cosas como son. Yo he aprendido mucho desde el momento en que decidí hacerlo y Dios es muy grande, Dios de repente empieza a acomodar las cosas y se empieza a mover todo el juego, ¿no? La vida es como un juego; entonces, cuando tú mueves una, todo se mueve. Yo no pensé, nunca me imaginé que Frida fuera a pasar por esto, pero lo que puedo aprender de ella es cómo aceptó, vivió sus consecuencias; ella está mucho más madura que nunca, se acercó a mí siendo honesta y yo también. Nunca había hablado con ella como ahora, como hace una semana; esto es muy fresco, esto ha sido muy duro para mí porque jamás te puedes imaginar... Mira, el dolor, cuando es tu dolor, es tu dolor; pero el dolor de tu hijo, eso es algo que no te puedo explicar, me hizo sentir una impotencia y una rabia y una desesperación y un momento muy duro. Pero qué bueno que yo estaba bien, que estoy bien para poderla guiar; un ciego no puede guiar a otro ciego, una persona que está mal, cómo le va a dar la mano para ayudar a su propia hija. Entonces yo ahorita estoy agradecida de que eso ya pasó, de que ella esté bien, de que ella esté sana.

Alejandra Guzmán se despojó de su brillo de estrella y permitió un acercamiento con la mujer, con la madre, demostrando que más allá del escándalo sufre igual que los demás.

La tecera entrevista fue vía telefónica. Resultó una de esas gratas sorpresas que te da este oficio: suerte de reportero. Me estaba recuperando de una intervención quirúrgica. En reposo, viendo la televisión, me enteré de que Alejandra Guzmán estaba hospitalizada por una emergencia. Una sustancia indebida había sido inyectada en el trasero de la cantante y su estado de salud se reportaba como grave; incluso algunos medios la dieron por muerta.

Vi las primeras declaraciones de Alejandra. Por mi cuerpo corrió un escalofrío. Estaba en casa, convaleciente, sin poder ir a la oficina. Pasaron minutos que para mí fueron eternos. De repente sonó mi celular. Un número que no conocía. Contesté:

—¿Mara?

—Sí.

—Habla el asistente de Alejandra Guzmán; ella quiere hablar contigo, te va a dar la entrevista desde el hospital. Te la paso.

—No, dame tu teléfono y me comunico contigo para grabar; te van a llamar de la oficina para que me enlacen.

—Perfecto, así lo hacemos.

Colgué dándole gracias a Dios. Rápidamente marqué a la oficina. Colocaron la cámara al teléfono. Me enlazaron con ella. Sus primeras palabras fueron fuertes, con gran estado de ánimo y sin perder la esencia de lo que siempre ha sido la Guzmán, una mujer honesta y directa.

AG: He rezado mucho, he estado al pendiente de mi familia, o sea, han estado aquí; no sé, yo creo que es lo más bonito, darte cuenta de quién te quiere en realidad, y eso es lo que me alimenta, lo que me alimenta y me da fuerza para seguir luchando. Porque mi cuerpo es el que no quiere esta cosa, o sea, se está defendiendo; lo más peligroso es que se me puede ir al cerebro, que se me puede ir a los nervios y yo me puedo quedar tonta, paralítica o yo no sé.

MP: ¿Esto te pasó hace meses que te inyectaste algo?

AG: Sí, con Valentina.

MP: ¿Con Valentina de Albornoz?

AG: Exacto, que yo la conozco de hace cinco años y me ha puesto Botox e implantes de… ¿Cómo se llama?

MP: De célula madre…

AG: De placenta, exacto, y me estuvo diciendo de las pompas y llegaban todas las enfermeras: yo lo tengo en las chichis, yo lo tenga acá, y en realidad yo, pues mi inconsciente siempre me dijo que no lo hiciera…

MP: ¿Tu voz interior te decía que no, pero tu exterior decía sí?

AG: Pues mira, yo cuando empecé a andar con el novio, que quieres estar más bonita, y cometí la pendejada y la estupidez de hacerlo, pero ahora me doy cuenta de que hasta mi vida está en peligro.

Ahora Alejandra prefiere las arrugas que un dolor más. Envuelta en su música, que para ella significa salud, sigue esas vibraciones para sanar más rápido. Cubierta y abrazada de su música que la envuelve, el propio bálsamo para el dolor.

Como una gladiadora sigue luchando y trabajando, valorando a su familia y su vida misma. Con gran fortaleza, la Guzmán enfrenta lo mismo a la prensa que a los *paparazzi* aficionados con los que se topó en un avión durante un viaje de descanso.

Para mí, cada encuentro con ella resulta una tremenda experiencia. Y a pesar de que su carácter es duro y poco paciente, de Alejandra Guzmán sólo he recibido atenciones. Así es ella. Y así la acepto.

Yo trato de convertir toda la mierda que hay en este ambiente en una perla y brillar dentro de esa mierda, porque hay mucha...

ALEJANDRA GUZMÁN

Índice

Mi encuentro con los grandes, de Mara Patricia Castañeda
se terminó de imprimir en junio de 2010 en
Worldcolor Querétaro, S.A. de C.V.
Fracc. Agro Industrial La Cruz
El Marqués, Querétaro
México